Segen sei mit dir,
der Segen des strahlenden Lichtes,
Licht sei um dich her
und innen in deinem Herzen.
Sonnenschein leuchte dir
und erwärme dein Herz,
bis es zu glühen beginnt
wie ein großes Torffeuer,
und der Fremde tritt näher,
um sich daran zu wärmen.

Irischer Weihnachtssegen

Ein Stern weist uns den Weg

Die schönsten Geschichten für die Weihnachtszeit

benno

Bibliografische Information der Deutschen Nationalbibliothek
Die Deutsche Nationalbibliothek verzeichnet diese Publikation
in der Deutschen Nationalbibliografie; detaillierte bibliografische Daten sind im Internet über http://dnb.d-nb.de abrufbar.

Besuchen Sie uns im Internet unter
www.st-benno.de

ISBN 978-3-7462-2808-2

© St. Benno-Verlag GmbH
   Stammerstr. 11, 04159 Leipzig
Zusammengestellt und herausgegeben
von Volker Bauch, Leipzig
Umschlaggestaltung: Ulrike Vetter, Leipzig,
Gesamtherstellung: Arnold & Domnick, Leipzig   (A)

Inhaltsverzeichnis

Sehnsucht im Advent

Anselm Grün

Die Adventszeit hat mich als Kind immer sehr bewegt. Und sie berührt mich auch heute noch. Wenn ich die wunderbaren Texte aus dem Propheten Jesaja höre und die Adventslieder singe, dann komme ich in Berührung mit einer tiefen Sehnsucht, dass mein Leben heil werde und dass Gott diese Welt mit seinem Frieden und seiner Liebe erfüllen möge. Es ist keine nostalgische Sehnsucht, sondern eine Sehnsucht, die mein Leben und das Leben der Menschen um mich herum und aller Völker verwandeln will. Es sind keine salbungsvollen Worte, die ich nur höre, um mich wohlzufühlen, sondern Worte, die mir die Augen öffnen, damit ich diese Welt hoffnungsvoller sehe. Wenn mein Herz voller Hoffnung ist für die Menschen, dann werde ich anders mit ihnen umgehen. Die Hoffnung, die die Adventszeit in mir bewirkt, bleibt nicht folgenlos für diese Welt. Sie ist wie ein Sauerteig, der das Mehl dieser Welt zu durchsäuern vermag.

Ein Bild für die Sehnsucht, die die Adventszeit in uns wecken möchte, ist der Stern. Der Stern, der am nächtlichen Himmel leuchtet, ist seit jeher ein Symbol für das göttliche Licht, das die menschliche Finsternis erhellt. Mich fasziniert

es jedes Mal, wenn nachts ein klarer Sternen-
himmel leuchtet. Mein Vater hat mir schon
als Kind die vielen Sternbilder erklärt. Sterne
drücken die Sehnsucht aus, dass Gott meine innere Dunkelheit erleuchtet und dass er mir in
der Fremde Heimat schafft. Im Internat hat uns
unser Regens immer wieder das Lied vorgesun-
gen, das er in amerikanischer Gefangenschaft
seinen Mitgefangenen singen musste: »Heimat
deine Sterne«. Die Adventszeit verheißt uns,
dass Gott in unsere Welt kommt. Und wenn
Gott in unsere Welt kommt, dann wird die Welt
für uns zur Heimat. Denn daheim sein kann
man nur, wo das Geheimnis wohnt. Durch
Gottes Kommen in unsere Welt wird diese
Welt für uns zur Wohnung. Das deutsche Wort
»wohnen« heißt von der indogermanischen
Wurzel her: »Behagen empfinden, Gefallen
finden, bleiben «. Ich kann nur dort wohnen,
wo ich mich wohlfühle. Und offensichtlich haben die Menschen seit jeher gespürt, dass sie
es bei sich nicht aushalten können, wenn nicht
Gott bei ihnen wohnt. Ohne Gott wird die Welt
unmenschlich und hart. Doch wenn Gott bei
uns Wohnung nimmt, in der Seele jedes Ein-
zelnen, in unseren Häusern und Gemeinschaf-
ten, in dieser Welt, dann wird diese Welt ein
Ort, an dem wir bleiben, wohnen können. Und

deshalb schmücken wir unsere Häuser in der Adventszeit, damit sie »wohnlich« werden, damit im Tannengrün Leben kommt in unsere Starre, im Licht der Kerze Helligkeit in unsere Finsternis und Wärme in unsere Kälte. Und wir hängen Sterne an unsere Fenster, um unsere Sehnsucht nach Heimat und Geborgenheit auszudrücken, die Gott uns jetzt schon schenkt, indem er zu uns kommt, und die er als ewige Wohnung für uns bereithält, wenn er für immer kommen wird, um diese Welt heimzuholen in sein ewiges Licht.

Der Stern der Sehnsucht führt uns in der Adventszeit durch die Dunkelheit. Die Zeit des Advents ist die Zeit, in der unsere vielen Süchte wieder in Sehnsucht verwandelt werden. Wenn wir auf dem Grund unserer Süchte die Sehnsucht entdecken, dann wird unser Leben heil, dann weitet sich das Herz. Sucht ist immer Mutterersatz, ein Zurück in den bergenden Mutterschoß. Aber Sucht führt immer in die Illusion. Die Sehnsucht, die der Adventsstern in uns weckt, lädt uns ein, uns auf diese Welt einzulassen und uns mit ihr auszusöhnen, weil sie nicht die unwirtliche und oft genug feindliche Welt ist, sondern eine Welt, die durch das Kommen Gottes zur Heimat geworden ist.

Die Geburt Jesu

Lk 2,1-14

Es geschah aber in jenen Tagen, dass eine Verordnung vom Kaiser Augustus ausging, den ganzen Erdkreis aufzuzeichnen. Diese Aufzeichnung war die erste, welche stattfand; damals war Quirinius Statthalter von Syrien. Und alle gingen hin, um sich einschreiben zu lassen, ein jeder in seine Stadt. So zog auch Josef von der Stadt Nazaret in Galiläa hinauf nach Judäa in die Stadt Davids, die Betlehem heißt; denn er war aus dem Haus und Geschlecht Davids, um sich einschreiben zu lassen mit Maria, seiner Verlobten, die schwanger war. Und es geschah, als sie daselbst waren, wurden ihre Tage erfüllt, dass sie gebären sollte; und sie gebar ihren erstgeborenen Sohn und wickelte ihn in Windeln und legte ihn in eine Krippe, weil in der Herberge kein Platz für sie war. In jener Gegend lagerten Hirten auf freiem Feld und hielten Nachtwache bei ihrer Herde. Da trat der Engel des Herrn zu ihnen, und der Glanz des Herrn umstrahlte sie, und sie wurden von großer Frucht ergriffen. Und der Engel sprach zu ihnen: Fürchtet euch nicht, denn siehe, ich verkündige euch große Freude, die für das ganze Volk sein wird; denn euch ist heute, ein Er-

retter geboren, nämlich der Messias, der Herr, in der Stadt Davids. Und dies sei euch das Zeichen: Ihr werdet ein Kind finden, in Windeln gewickelt und in einer Krippe liegend. Und plötzlich war bei dem Engel eine Menge der himmlischen Heerscharen, welche Gott lobten und sprachen: Ehre sei Gott in der Höhe und auf Erden Frieden den Menschen des (göttlichen) Wohlgefallens.

Übersetzung von Augustinus Kurt Fenz

Das Versteckspiel

Martin Buber

Rabbi Baruchs Enkel, der Knabe Jechiel, spielte einst mit einem andern Knaben Verstecken. Er verbarg sich gut und wartete, dass ihn sein Gefährte suchte. Als er lange gewartet hatte, kam er aus dem Versteck; aber der andere war nirgens zu sehen. Nun merkte Jechiel, dass jener ihn von Anfang an nicht gesucht hatte. Darüber musste er weinen, kam weinend in die Stube seines Großvaters gelaufen und beklagte sich über den bösen Spielgenossen. Da flossen Rabbi Baruch die Augen über, und er sagte: »So spricht Gott auch: ›Ich verberge mich, aber keiner will mich suchen.‹«

Das Geheimnis der Weihnacht

Joseph Ratzinger

In dieser kleinen Geschichte kann ein Christ das ganze Weihnachtsgeheimnis aufgeblättert finden. Gott verbirgt sich. Er blendet uns nicht mit dem Glanz seiner Herrlichkeit; er zwingt uns nicht in die Knie mit seiner Macht. Er will, dass zwischen ihm und uns das Geheimnis der Liebe entstehe, das Freiheit voraussetzt. Er will, dass da das Warten, das Suchen, das Hingehen und das Finden sei, aus dem jenes Ja der Liebe vom Geschöpf her neu entsteht, das in ihm sein eigenes, ewiges Geheimnis ist. Er wartet darauf, dass das Geschöpf aufbricht, dass ein neues, freies Ja zu ihm entstehe, das von der Schöpfung her sich das Ereignis der Liebe sich neu zutrage. Er wartet auf den Menschen. Und er will für uns, dass wir selbst diese eigentlich göttliche Erfahrung machen dürfen: die Erfahrung der Freiheit, des Suchens, des Entdeckens und des seligen Ja über eine Liebe, die das Herz der Welt ist, derentwegen die Welt gut ist und wir gut sind.

Gott verbirgt sich, weil er will, dass wir ihm ähnlich seien, dass Freiheit und Liebe sich in uns zutrage, aber er ist doch nicht nur Verborgenheit. Weihnachten ist sein Versteck, wenn man es so will, aber es ist doch zugleich mit Ostern zusammen die größte Offenbarung Gottes. Gott lässt uns ja nicht allein in diesem Spiel, das Wahrheit ist; er hat es selbst eingefädelt und eröffnet. Er geht uns immerfort nach. Durch die Schöpfung redet er uns ständig an, wenn wir nur hören und sehen wollen, und sagt zu uns: Sucht mich doch. In der heiligen Geschichte von Abraham hat er uns die Regeln gegeben, die Zeichen ausgelegt, wie wir ihn finden können. Er sucht uns, damit wir ihn zu suchen vermögen. Er ist die ganze Leiter der Entfernungen zwischen ihm und uns heruntergestiegen, bis zum Menschsein, bis zum Kindsein. Man möchte sagen, er ist aus seinem Versteck herausgegangen und läuft uns förmlich nach, damit wir nicht aufhören, ihn zu suchen; damit wir fähig werden, ihn zu finden. In dem Kind wird er selbst sichtbar, so wie er ist, nämlich als jene Liebe, die so etwas Ungeheuerliches tun kann, die Zeit hat, um selbst ein Mensch zu sein. Er wird sichtbar als jene Freiheit, die zu solchem Tun fähig ist, als Allmacht, die uns so nachgehen kann.

Der letzte Traum der alten Eiche

Hans Christian Andersen

Auf hohem Abhange, unmittelbar neben dem offenen Meeresufer, stand ein wirklich alter Eichbaum, der gerade dreihundertfünfundsechzig Jahre zählte. Aber diese lange Zeit hatte für den Baum nicht mehr zu bedeuten als ebenso viele Tage für uns Menschen. Wir wachen am Tage, schlafen des Nachts und haben dann unsere Träume, aber mit dem Baume ist es anders, der Baum wacht drei Jahreszeiten hindurch, erst gegen den Winter versinkt er in Schlaf, der Winter ist seine Schlafenszeit, er ist seine Nacht nach dem langen Tage, der Frühling, Sommer und Herbst heißt.

Manchen warmen Sommertag hatte die Eintagsfliege um seine Krone getanzt, gelebt, geschwebt und sich glücklich gefühlt, und ruhte dann das kleine Geschöpf einen Augenblick in stiller Glückseligkeit auf einem der großen frischen Eichenblätter, dann sagte der Baum immer: »Du armes kleines Wesen! Nur einen Augenblick währt dein ganzes Leben! Wie kurz doch! Es ist traurig!«

»Traurig?«, antwortete dann immer die Eintagsfliege, »was meinst du damit? Alles ist ja so unvergleichlich licht und klar, so warm und herrlich, und ich bin so froh.«

»Aber nur einen Tag, und dann ist alles vorbei!«

»Vorbei?!«, sagte die Eintagsfliege. »Was ist vorbei? Bist du auch vorbei?«

»Nein, ich lebe viele Tausende von deinen Tagen, und mein Tag umfasst ganze Jahreszeiten. Das ist etwas so Langes, dass du es gar nicht auszurechnen vermagst!«

»Nein, denn ich verstehe dich nicht! Du hast Tausende von meinen Tagen, aber ich habe Tausende von Augenblicken, um darin froh und glücklich zu sein! Hört alle Herrlichkeit dieser Welt auf, wenn du stirbst?«

»Nein«, sagte der Baum, »sie besteht sicher länger, unendlich länger, als ich es denken kann!«

»Aber dann haben wir ja gleichviel Lebenszeiten, nur dass wir verschieden rechnen.«

Und die Eintagsfliege tanzte und schwang sich in die Luft empor, freute sich ihrer feinen künstlichen Flügel, freute sich des Flors und Samts derselben, freute sich in der warmen Luft, die mit dem Dufte aus den Kleefeldern und von den wilden Rosen, Flieder und Kaprifolien, um gar nicht von dem süßen Geruche des Waldmeisters und der wilden Krauseminze zu reden, durchwürzt war. Der Duft war so stark, dass die Eintagsfliege glaubte, davon einen kleinen Rausch bekommen zu haben. Der Tag war lang und herrlich, voller Freude und süßen Gefühls, und sobald die Sonne sank, fühlte sich die kleine Fliege plötzlich so behaglich müde von all der Lust und Glückseligkeit. Die Flügel wollten sie nicht länger tragen, und ganz leise glitt sie auf den weichen schaukelnden Grashalm hinab, nickte mit dem Kopfe, wie nur sie nicken kann, und schlief dann fröhlich ein. Das war ihr Tod.

»Arme kleine Eintagsfliege!«, sagte der Eichbaum, »es war doch ein allzu kurzes Leben!«

Und jeden Tag wiederholte sich derselbe Tanz, dasselbe Gespräch, dieselbe Antwort und das gleiche Hinüberschlummern; es wiederholte sich in allen Geschlechtern der Eintagsfliegen, und alle waren sie gleich glücklich, gleich froh. Der Eichbaum durchwachte seinen Frühlingsmorgen, Sommermittag, Herbstabend, jetzt aber nahte seine Schlafzeit, seine Nacht. Der Winter rückte heran.

Schon sangen die Stürme: »Gute Nacht, gute Nacht! Hier fiel ein Blatt, da fiel ein Blatt! Wir pflücken, wir pflücken! Sieh zu, dass du schlafen kannst! Wir singen dich in Schlaf, wir schütteln dich in Schlaf; aber nicht wahr, das tut den alten Zweigen gut? Sie krachen dabei

aus lauter Vergnügen! Schlafe süß! Es ist deine dreihundertfünfundsechzigste Nacht; eigentlich bist du nur ein Jahreskind! Schlafe süß! Die Schneewolke wird dich weich betten, sie breitet ein ganzes Laken, eine weiche Bettdecke um deine Füße! Schlaf in süßer Ruh, und habe angenehme Träume!«

Alles Laubes entkleidet stand der Eichbaum da, um den ganzen Winter der Ruhe zu pflegen und sich während desselben von manch schönem Träume umgaukeln zu lassen. Aber wie die Träume der Menschen führten ihm auch die seinigen immer nur etwas Erlebtes vor.

Er war auch einmal klein gewesen, ja, eine Eichel war seine Wiege gewesen; nach menschlicher Rechnung stand er jetzt schon in seinem vierten Jahrhundert. Er war der größte und schönste Baum im Walde, mit seiner Krone ragte er hoch über allen anderen Bäumen hervor und wurde von der See aus schon in weiter Ferne erblickt, er diente den Schiffen als Wahrzeichen. Er dachte gar nicht daran, wie viele Augen ihn suchten. Hoch oben in seiner grünen Krone bauten die wilden Tauben und rief der Kuckuck seinen Namen, und im Herbste, wenn die Blätter wie gehämmerte Kupferplatten aussahen, erschienen die Zugvögel und rasteten in ihr, ehe sie über das Meer flogen. Aber jetzt war Winter, blätterlos stand der Baum da, und man konnte recht deutlich sehen, in welchen Bogen und Krümmungen sich seine Zweige ausdehnten. Krähen und Dohlen kamen und ließen sich scharenweise auf ihm nieder und plauderten von den strengen Zeiten, die jetzt begannen, und wie schwer es wäre, im Winter sein Futter zu finden.

Es war gerade die heilige Weihnachtszeit, als der Baum seinen schönsten Traum träumte; den wollen wir hören. Der Baum empfand ganz deutlich, dass es eine festliche Zeit war; er glaubte, ringsumher alle Kirchenglocken läuten zu hören, und dabei war es ihm wie an einem herrlichen Sonntage zumute, mild und warm. Frisch und grün breitete er seine mächtige Krone aus, die Sonnenstrahlen spielten zwischen seinen Blättern und Zweigen, die Luft war mit dem Duft von Kräutern und Büschen erfüllt; bunte Schmetterlinge spielten Haschen miteinander, und die Eintagsfliegen tanzten, als ob alles nur dazu da wäre, dass sie tanzen und sich freuen sollten. Alles, was der Baum Jahre hindurch erlebt und um sich gesehen hatte, zog wie in einem Festzuge an ihm vorüber. Er sah aus alter Zeit, wie Ritter und Frauen zu Pferde, mit Federn auf dem Hute und mit Falken auf der Hand, durch den Wald ritten. Das Jagdhorn tönte, und die Hunde schlugen an. Er sah feindliche Soldaten mit blanken Waffen und in bunten Uniformen, mit Spießen und Hellebarden, ihre Zelte aufschlagen und wieder abbrechen; Wachtfeuer loderten, und unter des Baumes weit ausgebreiteten Zweigen wurde gesungen und geschlafen. Er sah, wie sich Liebespärchen hier im Mondschein trafen und ihre Namen, den ersten Buchstaben, in die graugrüne Rinde einschnitten. Zither und Äolsharfe waren einmal, ja da lagen Jahre dazwischen, von munteren, reisenden jungen Männern in die Zweige der Eiche gehängt worden; nun hingen sie wieder da, nun klangen sie wieder so lieblich. Die wilden Tauben gurrten, als ob sie erzählen wollten, was der Baum dabei fühlte, und der Kuckuck rief seinen Namen, wie viel Sommertage derselbe noch leben sollte.

Da war es, als ob ihn ein neuer Lebensstrom von den kleinsten Wurzelfasern bis hinauf zu den höchsten Zweigen, ja bis in die Blätter hinaus, durchrieselte. Der Baum fühlte, dass ihm derselbe Kraft verlieh, sich auszudehnen, er empfand mit den Wurzeln, dass auch unten in der Erde Leben und Wärme war; er fühlte seine Stärke zunehmen, er wuchs höher und höher. Der Stamm schoss empor, da war kein Stillstand, er wuchs mehr und immer mehr, die Krone wurde voller, breitete sich aus, richtete

sich in die Höhe – und je mit dem Wachstum des Baumes wuchs auch sein Wohlbefinden, seine ihn mit unaussprechlichem Glücke erfüllende Sehnsucht, immer höhere Ziele zu erreichen, aufzuschießen bis zu der glänzenden warmen Sonne.

Schon war er bis hoch über die Wolken gewachsen, wo dunkle Scharen von Zugvögeln oder große weiße Züge von Schwänen unter ihm hinzogen.

Und jedes von den Blättern des Baumes konnte sehen, als ob es ein besonderes Auge hätte, alles mit anzuschauen. Die Sterne wurden am Tage sichtbar, so groß und blitzend waren sie; jeder von ihnen leuchtete wie ein paar Augen, so mild und so klar. Sie erinnerten an bekannte liebe Augen, an Kinderaugen, an die Augen der Liebespaare, wenn sie unter dem Baume zusammentrafen.

Es war ein unendlich beglückender Augenblick, so freudevoll, und doch, in all der Wonne empfand er eine Sehnsucht danach, dass alle anderen Bäume des Waldes dort unten, alle Büsche, Kräuter und Blumen sich mit ihm erheben könnten, um auch diesen Glanz und diese Freude zu empfinden. Der mächtige Eichbaum war in dem Traume von all dieser Herrlichkeit doch nicht vollkommen glücklich, wenn er sein Glück nicht mit allen, groß und klein, teilen konnte, und dies Gefühl durchbebte die Zweige und Blätter ebenso innig und stark, wie es in einer Menschenbrust zittern kann.

Die Krone des Baumes bewegte sich, als ob er etwas suchte und vermisste, er schaute zurück, und da drang der Duft des Waldmeisters und bald noch stärker der Kaprifolien und der Veilchen zu ihm empor. Er glaubte, vernehmen zu können, dass der Kuckuck ihm antwortete.

Ja, durch die Wolken guckten die grünen Waldesgipfel hervor, er sah die anderen Bäume unter sich wachsen und sich gleich ihm erheben. Büsche und Kräuter wuchsen hoch in die Luft, einzelne rissen sich mit den Wurzeln los und flogen schneller. Die Birke langte am ehesten an; wie ein weißer Blitzstrahl schlängelte sich ihr schlanker Stamm aufwärts, ihre Zweige wallten wie grüner Flor und Fahnen. Die ganze Waldnatur, selbst das braunbefiederte Rohr wuchs mit, und die Vögel folgten nach und sangen, und auf dem Halme, der wie ein langes grünes Seidenband lose flatterte und flog, saß die Heuschrecke und spielte mit dem Flügel auf ihrem Schienbeine. Die Maikäfer brummten, und die Bienen summten, jeder Vogel sang, wie ihm der Schnabel gewachsen war, alles war Gesang und Freude gerade wie im Himmel.

»Aber die kleine rote Blume am Wasser, die sollte auch mit!«, sagte die Eiche, »und die blaue Glockenblume und das kleine Gänseblümchen!« – Ja, die Eiche wollte, dass sie sämtlich teilnehmen sollten.

»Wir sind auch dabei, wir sind auch dabei!«, sang und klang es.

»Aber der schöne Waldmeister vom vorigen Sommer – und das Jahr vorher war ein wahrer Flor von Maiblümchen – und der wilde Apfelbaum, wie stand er doch so herrlich! – und all die Waldespracht seit Jahren, seit vielen Jahren – wäre sie doch bis jetzt am Leben geblieben, dann hätte sie auch können mit dabei sein!«

»Wir sind mit dabei! Wir sind mit dabei!«, sang und klang es noch höher oben, es schien, als ob sie vorausgeflogen wären. »Nein, das ist zu unglaublich schön!«, jubelte die alte Eiche. »Ich habe sie alle, klein und groß, nicht eines ist vergessen! Wie ist doch all diese Glückseligkeit nur möglich und denkbar!«

»In Gottes Himmel ist es möglich und denkbar!«, klang es. Und der Baum, der immer wuchs, fühlte, dass sich seine Wurzeln aus der Erde lösten.

»Das ist nun das Allerbeste!«, sagte der Baum, »nun hält mich kein Band mehr! Ich kann mich zu dem Allerhöchsten in seinem Licht

und Glanz emporschwingen! Und alle Lieben habe ich bei mir, klein und groß, alle bei mir!«

»Alle!«

Das war der Traum des Eichbaums, und während er träumte, blies ein Sturm über Meer und Land in der heiligen Weihnacht. Die See wälzte schwere Wogen gegen den Strand, der Baum krachte, brach und wurde mit der Wurzel ausgerissen, gerade während er träumte, dass sich seine Wurzeln lösten. Er fiel. Seine dreihundertfünfundsechzig Jahre waren nun auch nichts anderes als der Tag einer Eintagsfliege.

Am Weihnachtsmorgen, als die Sonne wieder zum Vorschein kam, hatte sich der Sturm gelegt. Alle Kirchenglocken läuteten festlich, und aus jedem Schornstein, selbst aus dem kleinsten auf dem Dache des Büdners, erhob sich in bläulicher Wolke der Rauch wie vom Altare beim Feste der Druiden, ein Opferrauch des Dankes. Die See wurde ruhiger und ruhiger, und auf einem großen Schiffe draußen auf dem Meere, das während der Nacht das harte Wetter wohl überstanden hatte, wurden jetzt alle Flaggen zur festlichen Weihnachtsfeier aufgehisst.

»Der Baum ist fort! Der alte Eichbaum, unser Wahrzeichen auf dem Lande!«, sagten die Seeleute. »Er ist gefallen in dieser Sturmnacht! Wer wird ihn uns ersetzen können! Das kann niemand!«

Eine solche Leichenrede, kurz aber wohlgemeint, erhielt der Baum, der auf der Schneedecke am Ufer ausgestreckt lag. Und hin über ihn erklang ein feierlicher Choral vom Schiffe, ein Lied von der Weihnachtsfreude und der Erlösung der Menschenseele in Christo und vom ewigen Leben:

»Jauchzet, ihr Himmel,
Frohlocket, ihr Enden der Erden!
Gott und der Sünder,
Die sollen zu Freunden nun werden!
Friede und Freud'
Wird uns verkündiget heut,
Freuet euch, Hirten und Herden!«

So lautete das alte Liede, und jeder draußen auf dem Schiffe fühlte sich durch dasselbe und durch das Gebet in seiner Weise so erhoben, wie sich der alte Baum in seinem letzten, seinem schönsten Traume erhoben fühlte.

So viel Verfinsterung

Sabine Naegeli

So viel Verfinsterung
auf dieser deiner Welt,
Gott,
mehr oft
als zu ertragen
in unserem Vermögen steht.
Nachtwanderer sind wir,
gefährdet allemal,
der Dunkelheit uns ganz zu übereignen,
nicht mehr zu gewahren
die tröstlichen Zeichen
um uns her.

Doch dürfen wir's verschweigen?
Die Nacht ist voller Sterne!
Geschieht's nicht mitten in der Nacht,
dass ein Unglücklicher
ein verstehendes Herz findet?

Dass ein Leidgeprüfter einwilligt
in sein Geschick?
Dass Schuld Verzeihen empfängt
und einer seinen Gott lobpreist
im Dunkeln?

Verhalten noch
streift uns der Widerschein des Ewigen,
doch stark genug,
uns heimzuleuchten,
die nachtwunde Seele
zu trösten.

Nur einen Spaltbreit
öffne uns die Tür,
dass uns zu Herzen dringe,
was die Nacht erhellt,
und wir getroster
weitergehen.

Das ewig Licht

Martin Luther

Das ewig Licht geht da herein,
gibt der Welt ein neuen Schein;
es leuchtet wohl mitten in der Nacht
und uns zu Lichtes Kindern macht.

Die Heilige Nacht

Selma Lagerlöf

Als ich fünf Jahre alt war, hatte ich einen großen Kummer. Ich weiß kaum, ob ich seitdem
einen größeren gehabt habe. Das war, als meine Großmutter starb. Bis dahin hatte sie jeden
Tag auf dem Ecksofa in ihrer Stube gesessen
und Märchen erzählt. Ich weiß es nicht anders,
als dass Großmutter dasaß und erzählte, vom
Morgen bis zum Abend, und wir Kinder saßen
still neben ihr und hörten zu. Das war ein herr-
liches Leben. Es gab keine Kinder, denen es so
gut ging wie uns.
Ich erinnere mich nicht an sehr viel von meiner
Großmutter. Ich erinnere mich, dass sie schönes, kreideweißes Haar hatte und dass sie sehr
gebückt ging und dass sie immer dasaß und an

einem Strumpf strickte. Dann erinnere ich mich auch, dass sie, wenn sie ein Märchen erzählt hatte, ihre Hand auf meinen Kopf zu legen pflegte, und dann sagte sie: »Und das alles ist so wahr, wie dass ich dich sehe und du mich siehst.«

Ich entsinne mich auch, dass sie schöne Lieder singen konnte, aber das tat sie nicht alle Tage. Eines dieser Lieder handelte von einem Ritter und einer Meerjungfrau, und es hatte den Kehrreim: »Es weht so kalt, es weht so kalt, wohl über die weite See.«

Dann entsinne ich mich eines kleinen Gebets, das sie mich lehrte, und eines Psalmverses.

Von allen Geschichten, die sie mir erzählte, habe ich nur eine schwache, unklare Erinnerung. Nur an eine einzige von ihnen erinnere ich mich so gut, dass ich sie erzählen könnte. Es ist eine kleine Geschichte von Jesu Geburt.

Seht, das ist beinahe alles, was ich noch von meiner Großmutter weiß, außer dem, woran ich mich am besten erinnere, nämlich dem großen Schmerz, als sie dahinging.

Ich erinnere mich an den Morgen, an dem das Ecksofa leer stand und es unmöglich war zu begreifen, wie die Stunden des Tages zu Ende gehen sollten. Daran erinnere ich mich. Das vergesse ich nie.

Und ich erinnere mich, dass wir Kinder hingeführt wurden, um die Hand der Toten zu küssen. Und wir hatten Angst, es zu tun, aber da sagte uns jemand, dass wir nun zum letzten Mal Großmutter für alle die Freude danken könnten, die sie uns gebracht hatte. Und ich erinnere mich, wie Märchen und Lieder vom Hause wegfuhren, in einen langen schwarzen Sarg gepackt, und niemals wiederkamen.

Ich erinnere mich, dass etwas aus dem Leben verschwunden war. Es war, als hätte sich die Tür zu einer ganz schönen, verzauberten Welt geschlossen, in der wir früher frei aus und ein gehen durften. Und nun gab es niemand mehr, der sich darauf verstand, diese Tür zu öffnen.

Und ich erinnere mich, dass wir Kinder so allmählich lernten, mit Spielzeug und Puppen zu spielen und zu leben wie andere Kinder auch, und da konnte es ja den Anschein haben, als vermissten wir Großmutter nicht mehr, als erinnerten wir uns nicht mehr an sie.

Aber noch heute, nach vierzig Jahren, wie ich da sitze und die Legenden über Christus sammle, die ich drüben im Morgenland gehört habe, wacht die kleine Geschichte von Jesu Geburt, die meine Großmutter zu erzählen pflegte, in mir auf. Und ich bekomme Lust, sie noch einmal zu erzählen und sie auch in meine Sammlung aufzunehmen.

Es war an einem Weihnachtstag, alle waren zur Kirche gefahren, außer Großmutter und mir. Ich glaube, wir beide waren im ganzen Haus allein. Wir hatten nicht mitfahren können, weil die eine zu jung und die andere zu alt war. Und alle beide waren wir betrübt, dass wir nicht zum Mettegesang fahren und die Weihnachtslichter sehen konnten.

Aber wie wir so in unserer Einsamkeit saßen, fing Großmutter zu erzählen an.

»Es war einmal ein Mann«, sagte sie, »der in die dunkle Nacht hinausging, um sich Feuer zu leihen. Er ging von Haus zu Haus und klopfte an. ›Ihr lieben Leute, helft mir!‹, sagte er. ›Mein Weib hat eben ein Kindlein geboren, und ich muss Feuer anzünden, um es und den Kleinen zu erwärmen.‹

Aber es war tiefe Nacht, sodass alle Menschen schliefen, und niemand antwortete ihm.

Der Mann ging und ging. Endlich erblickte er in weiter Ferne einen Feuerschein. Da wanderte er dieser Richtung zu und sah, dass das Feuer im Freien brannte. Eine Menge weißer Schafe lag rings um das Feuer und schlief, und ein alter Hirt wachte über die Herde. Als der Mann, der Feuer leihen wollte, zu den Schafen kam, sah er, dass drei große Hunde zu Füßen des Hirten ruhten und schliefen. Sie erwachten alle drei bei seinem Kommen und sperrten ihre weiten Rachen auf, als ob sie bellen wollten, aber man vernahm keinen Laut. Der Mann sah, dass sich die Haare auf ihrem Rücken sträubten, er sah, wie ihre scharfen Zähne funkelnd weiß im Feuerschein leuchteten und wie sie auf ihn losstürzten. Er fühlte, dass einer nach seiner Hand schnappte und dass einer sich an seine Kehle hängte. Aber die Kinnladen und die Zähne, mit denen die Hunde beißen wollten, gehorchten ihnen nicht, und der Mann litt nicht den kleinsten Schaden.

Nun wollte der Mann weitergehen, um das zu finden, was er brauchte. Aber die Schafe lagen so dicht nebeneinander, Rücken an Rücken, dass er nicht vorwärtskommen konnte. Da stieg der Mann auf die Rücken der Tiere und wanderte über sie hin dem Feuer zu. Und keins von den Tieren wachte auf oder regte sich.«

Soweit hatte Großmutter ungestört erzählen können, aber nun konnte ich es nicht lassen, sie zu unterbrechen. »Warum regten sie sich nicht, Großmutter?«, fragte ich.

»Das wirst du nach einem Weilchen schon erfahren«, sagte Großmutter und fuhr mit ihrer Geschichte fort. »Als der Mann fast beim Feuer angelangt war, sah der Hirt auf. Es war

ein alter, mürrischer Mann, der unwirsch und hart gegen alle Menschen war. Und als er einen Fremden kommen sah, griff er nach seinem langen, spitzigen Stab, den er in der Hand zu halten pflegte, wenn er seine Herde hütete, und warf ihn nach ihm. Und der Stab fuhr zischend gerade auf den alten Mann los, aber ehe er ihn traf, wich er zur Seite und sauste, an ihm vorbei, weit über das Feld.«

Als Großmutter so weit gekommen war, unterbrach ich sie abermals: »Großmutter, warum wollte der Stock den Mann nicht schlagen?« Aber Großmutter ließ es sich nicht einfallen, mir zu antworten, sondern fuhr mit ihrer Erzählung fort.

»Nun kam der Mann zu dem Hirten und sagte zu ihm: ›Guter Freund, hilf mir und leih mir ein wenig Feuer. Mein Weib hat eben ein Kindlein geboren, und ich muss Feuer machen, um es und den Kleinen zu erwärmen.‹ Der Hirt hätte am liebsten Nein gesagt, aber als er daran dachte, dass die Hunde dem Mann nicht hatten schaden können, dass die Schafe nicht vor ihm davongelaufen waren und dass sein Stab ihn nicht fällen wollte, da wurde ihm ein wenig bange, und er wagte es nicht, dem Fremden das abzuschlagen, was er begehrte. ›Nimm, so viel du brauchst‹, sagte er zu dem Mann.

Aber das Feuer war beinahe ausgebrannt. Es waren keine Scheite und Zweige mehr übrig, sondern nur ein großer Gluthaufen, und der Fremde hatte weder Schaufel noch Eimer, worin er die roten Kohlen hätte tragen können. Als der Hirt dies sah, sagte er abermals: ›Nimm, so viel du brauchst!‹ Und er freute sich, dass der Mann kein Feuer wegtragen konnte. Aber der Mann beugte sich hinunter, holte die Kohlen mit bloßen Händen aus der Asche und legte sie in seinen Mantel. Und weder versengten die Kohlen seine Hände, als er sie berührte, noch versengten sie seinen Mantel, sondern der Mann trug sie fort, als wenn es Nüsse oder Äpfel gewesen wären.«

Aber hier wurde die Märchenerzählerin zum dritten Mal unterbrochen. »Großmutter, warum wollte die Kohle den Mann nicht brennen?«

»Das wirst du schon hören«, sagte Großmutter, und dann erzählte sie weiter.

»Als dieser Hirt, der ein so böser, mürrischer Mann war, dies alles sah, begann er sich bei sich selbst zu wundern: Was kann dies für eine Nacht sein, wo die Hunde nicht beißen, die Schafe nicht erschrecken, der Stab nicht tötet und das Feuer nicht brennt? Er rief den Fremden zurück und sagte zu ihm: ›Was ist dies für eine Nacht? Und woher kommt es, dass alle Dinge dir Barmherzigkeit zeigen?‹

Da sagte der Mann: ›Ich kann es dir nicht sagen, wenn du selber es nicht siehst.‹ Und er wollte seiner Wege gehen, um bald ein Feuer anzünden und Weib und Kind wärmen zu können.

Aber da dachte der Hirt, er wolle den Mann nicht ganz aus dem Gesicht verlieren, bevor er erfahren hätte, was dies alles bedeutete. Er stand auf und ging ihm nach, bis er dorthin kam, wo der Fremde daheim war. Da sah der Hirt, dass der Mann nicht einmal eine Hütte hatte, um darin zu wohnen, sondern er hatte sein Weib und sein Kind in einer Berggrotte liegen, wo es nichts gab als nackte, kalte Steinwände.

Aber der Hirt dachte, dass das arme, unschuldige Kindlein vielleicht dort in der Grotte erfrieren würde, und obgleich er ein harter Mann war, wurde er davon doch ergriffen und beschloss, dem Kind zu helfen. Und er löste sein Ränzel von der Schulter und nahm daraus ein weiches weißes Schaffell hervor. Das gab er dem fremden Mann und sagte, er möge das Kind darauf betten.

Aber in demselben Augenblick, in dem er zeigte, dass auch er barmherzig sein konnte, wurden ihm die Augen geöffnet, und er sah, was er vorher nicht hatte sehen, und hörte, was er vorher nicht hatte hören können.

Er sah, dass rund um ihn ein dichter Kreis von kleinen, silberbeflügelten Englein stand. Und jedes von ihnen hielt ein Saitenspiel in der Hand, und alle sangen sie mit lauter Stimme, dass in dieser Nacht der Heiland geboren wäre, der die Welt von ihren Sünden erlösen solle.

Da begriff er, warum in dieser Nacht alle Dinge so froh waren, dass sie niemand etwas zuleide tun wollten. Und nicht nur rings um den Hirten waren Engel, sondern er sah sie überall. Sie saßen in der Grotte, und sie saßen auf dem Berg, und sie flogen unter dem Himmel. Sie kamen in großen Scharen über den Weg gegangen, und wie sie vorbeikamen, blieben sie stehen und warfen einen Blick auf das Kind.

Es herrschte eitel Jubel und Freude und Singen und Spiel, und das alles sah er in der dunklen Nacht, in der er früher nichts zu gewahren vermocht hatte. Und er wurde so froh, dass seine Augen geöffnet waren, dass er auf die Knie fiel und Gott dankte.«

Aber als Großmutter so weit gekommen war, seufzte sie und sagte: »Aber was der Hirte sah, das könnten wir auch sehen, denn die Engel fliegen in jeder Weihnachtsnacht unter dem Himmel, wenn wir sie nur zu gewahren vermögen.«

Und dann legte Großmutter ihre Hand auf meinen Kopf und sagte: »Dies sollst du dir merken, denn es ist so wahr, wie dass ich dich sehe und du mich siehst. Nicht auf Lichter und Lampen kommt es an, und es liegt nicht an Mond und Sonne, sondern was nottut, ist, dass wir Augen haben, die Gottes Herrlichkeit sehen können.«

Die Christnacht
Rainer Maria Rilke

Es gibt keinen Moment im langen Jahre, wo man sich ihre immerfort mögliche Erscheinung und dann Allgegenwärtigkeit so lebhaft ins Gemüt zu rufen vermöchte wie diese über die Jahrhunderte hin unabhängige Winternacht, die durch die unvergleichliche Hinzukunft jenes alle Wesen umwandelnden Kindes die Summe aller übrigen Erdennächte an Wert mit einem Schlage überwog und übertraf. Mag der leichte Sommer, wo das Dasein um ein Beträchtliches erträglicher und müheloser scheint, wo wir nicht so unmittelbarer Anfeindung aus der Luft und aus der heiter beschäftigten Natur uns zu erwehren haben – mag der glücklichere Sommer uns mit Tröstungen verwöhnen –, was sind sie alle gegen die unermesslichen Trostschätze dieser außen unscheinbaren, ja armen Nacht, die nach innen zu plötzlich offen steht wie ein alle umfassendes und wärmendes Herz und die wirklich mit Schlägen ihres glockentönigen Herzens antwortet auf unser Hineinhorchen in den innersten Gewahrsam!

Alle Verkündigungen der Vorzeit reichten nicht hin, diese Nacht anzusagen, alle Hymnen, die zu ihrem Preis gesungen worden sind, reichten nicht an die Stille und Spannung heran, in der Hirten und Könige niederknieten – so wie ja auch wir, keiner von uns, je imstande gewesen ist, während diese Wundernacht ihm geschieht, die Maße seines Erlebens anzugeben.

Es ist so recht das Mysterium von dem knienden, von dem tiefknienden Menschen, dass er größer sei, seiner geistigen Natur nach, als der stehende welches in der Nacht gefeiert wird. Der kniende, der sich ganz ans Knien gibt, verliert allerdings das Maß seiner Umgebung, selbst aufschauend wüßte er nicht mehr zu sagen, was groß und was klein ist. Aber ob er gleich in seiner Abgebogenheit kaum die Höhe eines Kindes hat, so ist er, dieser kniende, doch nicht klein zu nennen. Mit ihm verschiebt sich die Skala, denn er, indem er der eigentümlichen Schwere und Kraft in seinen Knien folgt und die Stellung einnimmt, die sich zu ihnen hinbezieht, gehört bereits zu jener Welt, in der

Höhe – Tiefe ist –, und wenn schon Höhe unserem Blick und unseren Apparaten unermeßlich bleibt – wer ermäße die Tiefe? Dieses aber ist die Nacht der aufgetanen strahlenden Tiefe.

Die Hirten beim Kind
Lk 2,15-20

15 Und es geschah, als die Engel von ihnen hinweg in den Himmel zurückgekehrt waren, sagten die Hirten zueinander: Lasst uns nun hingehen nach Bethlehem und diese Sache sehen, die geschehen ist, welche der Herr uns kundgetan hat. 16 Und sie kamen eilends und fanden Maria und Josef und das Kind in der Krippe liegend. 17 Als sie es aber gesehen hatten, machten sie überall das Wort kund, das über dieses Kind zu ihnen gesagt worden war. 18 Und alle, die es hörten, verwunderten sich über das, was von den Hirten zu ihnen gesagt wurde. 19 Maria aber bewahrte alle diese Worte und erwog sie in ihrem Herzen. 20 Und die Hirten kehrten um, indem sie Gott verherrlichten und lobten über alles, was sie gehört und gesehen hatten, so wie es ihnen gesagt worden war.

Übersetzung von Augustinus Kurt Fenz

Mystische Weihnacht

Johannes Tauler

Heute begeht man dreierlei Geburten in der heiligen Christenheit, an denen ein jeglicher Mensch so große Freude und Wonne sollte empfangen, dass er recht von Wonne sollte aus sich selbst springen in Jubel, Liebe, in Dankbarkeit und innerlicher Freude, und welcher Mensch das nicht in sich empfindet, mag sich wohl fürchten. Die erste und oberste Geburt ist, dass der himmlische Vater gebieret seinen eingeborenen Sohn in göttlicher Wesentlichkeit, in persönlichem Unterschied. Die andere Geburt, die man heute begeht, ist das mütterliche Gebären, das geschah in jungfräulicher Keuschheit und in rechter Lauterkeit. Die dritte Geburt ist, dass Gott alle Tage und alle Stunden wird wahrlich geistlich geboren in einer guten Seele, mit Gnade und mit Liebe.

Diese drei Geburten begeht man heute mit den drei Messen. Die erste Messe singet man in der finsteren Nacht, und sie fängt an: Dominus dixit ad me. Der Herr hat gesprochen zu mir: Du bist mein Sohn, ich habe dich heute (das ist in Ewigkeit) geboren. Diese Messe bedeutet die verborgene Geburt, die geschah in der finsteren Verborgenheit unerkannter Gottheit.

Die andere Messe hebt an: Lux fulgebit hodie super nos. Das Licht scheint heute über uns. Diese bezeichnet den Schein der vergotteten Natur; diese Messe ist einesteils in der Nacht und einesteils im Tag, denn sie war zum Teil bekannt und zum Teil unbekannt. Die dritte Messe singet man an dem klaren lichten Tag, und die hebt an also: Puer natus est nobis et filius datus est nobis. Ein Kind ist uns geboren, und ein Sohn ist uns geschenkt.

Sie zeigt an die innigliche Geburt, die alle Tage und alle Augenblicke soll geschehen und geschieht in einer jeglichen guten heiligen Seele, wenn sie sich dazu kehrt mit Sammlung und mit Liebe. Denn soll sie diese Geburt in sich empfinden und gewahren, so muss es geschehen durch Einkehren und Wandeln aller ihrer Kräfte. Und in dieser Geburt wird ihr Gott zu eigen und gibt sich ihr also eigen, dass nie kein Ding also eigen ward. Denn die vorgesprochenen Worte sagen: Ein Kind ist uns geboren und ein Sohn ist uns gegeben.

Morgenstern der finstern Nacht

Angelius Silesius

Morgenstern der finstern Nacht,
der die Welt voll Freuden macht,
säum dich nicht, o mein Licht,
komm, komm, eh der Tag anbricht.

Du erleuchtest alles gar,
was jetzt ist und kommt und war;
voller Pracht wird die Nacht,
weil dein Glanz sie angelacht.

Deinem freudenreichen Strahl
wird gedienet überall:
Schönster Stern, weit und fern,
ehrt man dich wie Gott den Herrn.

Ei nun, güldnes Sternenlicht,
komm herein und säum dich nicht;
komm herein, Jesulein,
leucht in meines Herzens Schrein.

Das Licht Gottes

Joseph Ratzinger

Viele der Lichter, die heute an Weihnachten Straßen und Häuser erhellen, haben kaum noch etwas mit diesem Licht zu tun. Es sind grelle Lichter, die dem Geschäft dienen und inwendig nicht warm machen können. Sie erinnern mich oft daran, dass heute die Sternwarten sich aus Europa zurückziehen müssen, weil die Lichter unserer Städte so grell geworden sind, dass sie das Licht von oben, das Licht der Sterne verdecken. Viele der modernen Weihnachtslichter sind nur Menschenlichter, die uns das Licht Gottes eher verbergen als zeigen. Aber wir sollten nicht allzu pessimistisch sein, uns nicht bei der Anklage gegen den Weihnachtskonsum festsetzen, nicht das Herz bitter machen lassen. Immer noch strahlt aus der Geburtsgrotte ein demütiges und warmes Licht in die Herzen der Menschen hinein und weckt die verschüttete Güte, die die Flamme Gottes in unseren Seelen ist.

Wozu die Liebe den Hirtenknaben veranlasste

Karl Heinrich Waggerl

In jener Nacht, als den Hirten der schöne Stern am Himmel erschienen war und sie sich alle auf den Weg machten, den ihnen der Engel gewiesen hatte, da gab es auch einen Buben darunter, der noch so klein und dabei so arm war, dass ihn die anderen gar nicht mitnehmen wollten, weil er ja ohnehin nichts besaß was er dem Gotteskind hätte schenken können. Das wollte nun der Knirps nicht gelten lassen. Er wagte sich heimlich ganz allein auf den weiten Weg und kam auch richtig in Bethlehem an. Aber da waren die anderen schon wieder heimgegangen, und alles schlief im Stall. Der heilige Josef schlief, die Mutter Maria, und die Engel unter dem Dach schliefen auch, und der Ochs und der Esel, und nur das Jesuskind schlief nicht. Es lag ganz still auf seiner Strohschütte, ein bisschen traurig vielleicht in seiner Verlassenheit, aber ohne Geschrei und Gezappel, denn es war ja ein besonders braves Kind, wie sich denken lässt. Und nun schaute das Kind den Buben an, wie er da vor der Krippe stand und nichts

in Händen hatte, kein Stückchen Käse und kein Flöckchen Wolle, rein gar nichts. Und der Knirps schaute wiederum das Christkind an, wie es da liegen musste und nichts gegen die Langeweile hatte, keine Schelle und keinen Garnknäuel, rein gar nichts. Da tat dem Hirtenbuben das Himmelskind in der Seele leid. Er nahm das winzig kleine Fäustchen in seine Hand und bog ihm den Daumen heraus und steckte ihn dem Christkind in den Mund. Und von nun an brauchte das Jesuskind nie mehr traurig zu sein, denn der arme kleine Knirps hatte ihm das Köstlichste geschenkt, was einem Wickelkind beschert werden kann: den eigenen Daumen.

Der Schatz des Kindes

Antoine de Saint Exupéry

Und man sagt dir, die Gesichter in dieser Nacht seien anders als sonst. Denn sie erwarten ein Wunder. Und du siehst, wie die Alten alle ihren Atem anhalten und gebannt auf die Augen der Kinder schauen und sich auf großes Herzklopfen gefasst machen. Denn in den Augen dieser Kinder wird etwas Unfassbares geschehen, das nicht mit Gold aufzuwiegen ist. Das ganze Jahr hindurch hast du es aufgebaut: durch die Erwartung und durch Versprechen und vor allem durch deine wissenden Mienen und deine geheimen Anspielungen und die Unermesslichkeit deiner Liebe. Und dann wirst du irgendein unscheinbares Spielzeug aus gefirnisstem Holz vom Baume nehmen und es dem Kinde reichen, wie es der Überlieferung deiner Bräuche entspricht. Und das ist der Augenblick. Und keiner wagt mehr zu atmen. Und das Kind klappt mit den Lidern, denn man hat es frisch aus dem Schlafe geholt. Und nun sitzt es auf deinen Knien mit dem frischen Geruch des Kindes, das man eben aus dem Schlafe geholt hat, und wenn es dir um den Hals fällt, bereitet es dir einen Brunnen fürs Herz, nach dessen Wasser dich dürstet. (Und das ist der große Kummer der Kinder, dass man ihnen einen Quell ausraubt, der in ihnen ist und den sie selbst nicht kennen und zu dem alle trinken kommen, die im Herzen gealtert sind, um wieder jung zu werden.) Aber es ist jetzt nicht die Zeit für Küsse. Und das Kind blickt auf den Baum, und du blickst auf das Kind. Denn wie eine seltene Blume, die einmal im Jahre unter dem Schnee hervorsprießt, gilt es, sein verwundertes Staunen zu pflücken.

Und sieh, da macht dich eine gewisse Farbe der Augen ganz glücklich. Sie werden dunkel, und plötzlich, sobald das Geschenk es berührt hat, umschlingt das Kind seinen Schatz, um innen sein Licht zu empfangen, so wie die Seeanemonen das tun. Und es würde fliehen, wenn du es fliehen ließest. Und du kannst nicht mehr hoffen, es einzuholen. Sprich nicht zu ihm, es hört dich nicht mehr. Sage mir nur nicht, diese kaum veränderte Farbe sei ohne Gewicht. Denn selbst wenn sie für dein Jahr und den Schweiß deiner Arbeit und das Bein, das du im Kriege verloren hast, und deine durchgegrübelten Nächte und die Kränkungen und Leiden, die du erduldest, der einzige Lohn wäre – sie würde dich doch jetzt entschädigen und dich mit Staunen erfüllen.

I.N.R.I.

Peter Rosegger

Die arme Zimmermannsfamilie aus Nazareth
steht auf dem Boden des alten Ägyptens. Wie
ist sie über die See gekommen? Wohl auf einem
Fischerschiffe – aber es ist wie im Traume gewesen. Nun tut Joseph seine Augen auf und sucht
die Berge von Nazareth und sieht den dunkeln Hain von Palmenbäumen mit geschupp-
ten Schäften und schwertlangen Blättern. Und
sieht das Tor mit den steinernen Ungeheuern,
die auf dem Bauche liegen, zwei Pranken vor-
strecken und ein riesiges Menschenhaupt in
die Lüfte heben. Und sieht im gelben Hintergrund die Dreiecke der Pyramiden. In der Luft
fremde Düfte, überall abenteuerliche Gestalten
mit grellem Lärm, und jeder Schall sticht schrill
und spitzig in die Ohren. – Dem Joseph fällt
es aufs Herz. Die Heimat verloren. Eine stock-
fremde Welt, in der sie werden zugrunde gehen
müssen.

Maria, die immer gelassen ist, aber innerlich
glühend im Kinde aufgeht, sieht einmal seinen
Stecken an und sagt: „Joseph, das ist wohlge-
mut, dass du dir zur glücklichen Ankunft eine
Blume an den Stab gesteckt hast." Da blickt Joseph auf seinen Stock und ist verwundert über

die Maßen. Aus dem Stabe, den er am Sinai geschnitten, sprosst lebendig eine schneeweiße Blüte hervor. – Joseph, die Reinheit blüht! – Aber ihm ist bange. Das Kind hebt er zu sich herauf, und wenn er in dieses sonnige Angesichtlein schaut, da sind alle Schatten dahin. Es ist ein anderes Leuchten als das im alten Sonnenlande, wo sie dem Osiris einen ähnlich stolzen Tempel erbaut haben, wie daheim die Israeliten dem dunklen Javis …

Als Jesus schon heranwächst, hat sich eines Tages etwas zugetragen. Joseph war mit dem Knaben auf den Platz gegangen, wo die Schiffe landen, um Körbe feilzubieten. Da entsteht im Volk eine Bewegung, Soldaten in grellen Gewändern und mit langen Spießen traben heran, dann zwei Herolde, in ihre Hörner stoßend, als sollten mit den schneidenden Tönen die Lüfte zerrissen werden; und hinterdrein kommen sechs pechschwarze Sklaven, die einen goldenen Wagen ziehen. Im Wagen sitzt der Pharao – mit köstlichem Gewande bekleidet, im schwarzen, gewickelten Haar einen funkelnden Reifen –, ein blasser Mann mit durchringendem Auge. Der Menge Jubelgeschrei braust; obschon seit Langem abhängig von den Römern, betrachtet das Volk den Nachkommen der Pharaonen als seinen König. Mit

Palmenblättern fächelt es ihm zu, er beachtet es nicht, wie ermüdet lehnt er im Kissen. Jetzt aber hebt er ein wenig sein Haupt, in der Menge ist ihm ein Knabe aufgefallen, das Söhnlein des fremden Korbflechters. Ob ihn die Schönheit berückt hat oder das Fremdartige – er lässt anhalten und befiehlt, das Kind möge ihm vorgeführt werden.

Joseph kommt mit dem Knaben ehrerbietig herbei, legt seine Hände kreuzweise über die Brust neigt sich tief.

„Das ist dein Sohn", spricht der König ihn in seiner Sprache an.

Joseph nickt schweigend.

„Du bist ein Jude! So wirst du mir diesen Knaben verkaufen."

Und hierauf Joseph: „Pharao! Obschon ich der Nachkömmling bin des Jakob, dessen Söhne ihren Bruder Joseph an Ägypter verkauft haben, so verdiene ich nicht den Spott. Wir sind geringe Leute, und das Kind ist unser Augapfel."

„Ist auch nur in Gnaden gesagt, das vom Verkaufen", spricht der König. „Ihr seid Untertanen, und der Knabe ist mein Eigentum. Nimm ihn, Hamas."

Der Diener will schon Hand an den Kleinen legen, der ruhig dasteht und entschlossen auf den König blickt. Joseph fällt auf die Knie und

macht in Ehrfurcht seine Vorstellung, dass er und seine Familie nicht ägyptische Untertanen seien, dass sie als Fremde hier weilten und den allmächtigen Pharao um Gastrecht anflehten.

„Davon weiß ich nichts, guter Mann", sagt der König und sieht des Knaben zorniges Gesicht. Darüber lacht er: „Mich dünkt, Judenjüngling, du willst mich zerschmettern. Ei, lass mich noch ein wenig leben im schönen Ägypterlande. Ich will dir nichts zuleide tun, dafür bist du ein viel zu schönes Kind." Er stockt nun, und in einem andern Ton spricht er: „Warte doch, und sieh ihn einmal näher an, den Pharao, ob er wirklich so arg böse ist und ob es denn so schrecklich ist, in seinem Palaste zu wohnen und ihm den Becher zu reichen, wenn ihn dürstet. Wie? Seid ruhig, Alter, es soll euch keine Gewalt angetan werden. Knabe, du sollst freiwillig an meinen Hof kommen, du sollst die Erziehung und die Schulen mit den Kindern meiner Großen teilen, ich will dich nur manchmal um mich sehen, weil du eine so feine Gazelle bist. Geh mit deinem Vater jetzt nach Hause, morgen will ich anfragen lassen, merke, nur anfragen, nicht befehlen. Wer gewaltsamer Beute satt ist, weiß freiwillige Hingabe zu schätzen. Du hast es vernommen."

Als die Menge hört, dass der Pharao mit diesen armen Leuten so unerhört wohlwollend spricht, wie sie es noch nie vernommen, da bricht sie wie toll in ein Freudengeschrei aus. Die Palmenhaine gellen vor des Volkes Jubel, als der König auf seinem zweirädrigen Goldwagen weiterfährt, ein langes Gefolge von Soldaten, Zimbelschlägern und Tänzerinnen hinter sich herziehend. Joseph flüchtet mit dem Knaben durch enge Gassen, um den Leuten zu entkommen, die sich herandrängen wollen, um den kleinen Liebling des Pharao zu sehen und zu liebkosen …

Am nächsten Tag um die Hochsonnenstunde steht vor der Hütte eine königliche Sänfte. Zwei Sklaven haben sie herbeigetragen, wovon einer alt und gebrechlich ist. Maria, als sie die weiche Sänfte sieht, ruft aus, in ein solches Pfühl ließe sie ihr Kind nicht steigen. Da lächelt der Knabe ein wenig, sodass in seinen frischen Wangen zwei Grübchen entstehen, und sagt: „Was denkst du, Mutter, dass ich in diese Kissen kriechen werde! Ja, wenn der kranke Sklave hinein steigt, dass ich statt seiner tragen kann!" Damit ist der Aufseher dieses kleinen Zuges nicht einverstanden. Es stehe in des Knaben Willen, zu bleiben oder mitzukommen.

„Ich bleibe", sagt Jesus, „und ich werde zum Pharao gehen, wann ich will." Die Sänfte kehrt leer zurück in den Palast.

Am nächsten Tag ist der Knabe entschlossen. Seine Eltern geben ihm das Geleit durch den Palmenhain in die Stadt. In seinem ärmlichen Gewändchen geht er zwischen Vater und Mutter dahin, Joseph gibt ihm gute Worte und wiederholt sie. Maria schweigt und ruft die himmlischen Mächte an, das Kind zu beschützen. An der Pforte des Palastes wird nur der Knabe allein eingelassen, Vater und Mutter bleiben zurück und blicken bangend ihrem Jesus nach, der sich noch einmal umwendet, um sie zu grüßen. Sein Angesicht ist fröhlich, und das tröstet die Mutter Der Vater denkt, dass es unbegreiflich ist, wie ein Kind so sorglos und heiter von den einzig treuen Menschen fortgehen kann – und behält den Gedanken bei sich.

Neugierde, Behagen und Widerwillen zugleich empfindet der Knabe, als er in die Hände der Diener gerät, die ihn in ein weiches Bad führen, mit wohlriechendem Öl salben und ihm ein seidenes Gewand anlegen. Aber er will den Königspalast und sein Leben schauen. Und nun beginnt sich ihm allmählich die Pracht zu entfalten. In den arabischen Märchen, die sein Vater gern erzählt, ist des Glanzvollen und Wunderbaren viel gewesen, aber kein Vergleich mit den Herrlichkeiten, die jetzt fast hart und derb an seine Sinne schlagen. Straßenbreite Mar-

mortreppen, tempelhohe Hallen, marmorne Säulen, blendend bunte Kuppeln. Die Sonne kommt zu den Fenstern in allen Farben herein und glüht in Rot, Blau, Grün und Gold an den spiegelnden Wänden. Noch märchenhafter die Nacht, wenn in der Säle Flucht die Tausend Lampen brennen und der Wald der Armleuchter wie eine gezähmte Feuersbrunst leuchtet; wenn die Höflinge in den Teppichen und Diwans und Seiden und Flaumen zu versinken scheinen; wenn aus den goldenen Rauchgefäßen die Wohlgerüche sichtbar aufsteigen und das Gehirn berauschen; wenn Hundert Aufwärter das Mahl bereiten, das unbeschreibliche, und es auftragen in silbernen Schüsseln, in alabasternen Schalen, in kristallenen Bechern; wenn Jünglinge und Jungfrauen einander mit Ranken und Rosen bekränzen; wenn die Fanfaren schallen und die Zimbeln klingen und aus weichen Mädchenkehlen Gesänge wirbeln, und wenn endlich der Pharao hereingeschritten kommt in wogendem Purpur, mit den Tausend lebendig funkelnden Sternen der Diamanten – auf dem Haupte den Zackenring, strahlend wie Karfunkel –, der Gott, der Sonnengott! – Unser Knabe aus der Nilhütte schaut hin, wie auf etwas, das wunderlich ist, ihn aber weiter nichts angeht. Nun wird ihm ein Fächer aus schimmernden Pfauenfedern in die Hand gegeben. Andere Knaben haben auch solche Fächer; mit halbentblößten Gliedern schmiegen sie sich an die Tafelnden und fächeln ihnen Kühlung zu. Der junge Jesus soll das dem Pharao tun, aber er tut es nicht, sondern sitzt auf dem Estrich und kann nicht müde werden, dem König in das blasse Antlitz zu schauen. Der König streift ihn mit wohlgefälligem Blick: „Mich dünkt, das ist der stolze Jüngling vom Nil, der nicht zu den Füßen des Pharao sitzen mag."

„Er wird sitzen zur Rechten Gottes!" schallt es draußen im Chor. Langsam, wie ein leicht geneckter Löwe, wendet der König sein Haupt, um zu sehen, welch ungeschickter Chormeister den hebräischen Vers in den Gesang des Osiris mischt! Da erhebt sich ein Brausen. Die Fenster, zu denen die Nacht hereingestarrt hat, hellen in rotem Schein. Vor dem Palast hat sich das Volk mit Fackeln versammelt, um dem Pharao, dem Sohne des Lichts, die Huldigung zu bringen. Der König macht dazu eine verdrossene Miene, derlei Huldigungen wiederholen sich zu jedem Neumond, er begehrt sie, und doch langweilen sie ihn. Dem Mundschenk winkt er, nach einem Becher Wein verlangt ihn. Der bringt Rosen auf seine Wangen und Glut in seine Augen. Bei dem tausendfach erschallenden

Preisgesang des Osiris singt er mit, und seine ganze Gestalt ist nun Kraft und Sonnenschein. Als nach diesem üppigen Tage die stille Nacht gekommen ist, so still, dass die Wogen des Nil herüberrauschen zum Palaste, da ruht Jesus hinter Vorhängen auf Eiderdaunen und findet keinen Schlaf. Wie sie in der Nilhütte jetzt gut schlafen werden! Es wird ihm heiß, er steht auf und blickt zum Fenster hinaus. Die Sterne funkeln wie winzige Sonnen. Er legt sich wieder hin, betet zum Vater und schläft ein. Am nächsten Tag, wenn das Fest vorüber ist, will er die Räume finden, wo die alten Rollen sind, und die Lehrer, die ihn unterrichten werden. Aber es ist kein Fest gewesen, das vorübergeht, es wiederholt sich Tag für Tag am Königshofe.

Da ist es einst nach verstummtem Lärm in der Nacht, dass im Palast Sklaven umherhuschen, einander wecken und zuflüstern. Jesus gewahrt es, richtet sich auf und fragt nach der Ursache. Da naht sich ihm einer und zischelt: „Der Pharao weint!" – Wie ein geheimnisvoller Samumhauch geht es durch den Palast: Der Pharao weint! – Dann wird es ruhig und über allem liegt die träumende Nacht.

Jesus hat sich nicht wieder in den weichen Pfühl gelegt, auf kühlem Fliese ruht er und sinnt. – Der König weint! – Arabien, Indien,

Griechenland haben ihre kostbarsten Schätze gesandt nach Memphis. Die Schiffe der Phönizier kreuzen an den Küsten Galliens, Albions und Germaniens, um Güter und Kleinodien zu sammeln für die Nachkommen der großen Pharaonen. Sein Volk umrauscht ihn mit Huldigungen Tag für Tag, sein Leben steht auf der Höhe der schönsten Jahre. Und er weint?

So ziehen die Tage. Wie der König versprochen, der Knabe ist frei. Doch er bleibt am Hofe. Oft durchwandert er die Stadt, den Hain und geht an den Nil zu den Seinen. An den Schleusen des Stromes, der das Land befruchtet, arbeiten Tausend Sklaven, von Aufsehern gepeitscht, manche erschöpft hinfallend und sterbend. Jesus sieht es und rügt die Rohheit, bis er wohl auch selbst einen Hieb erfährt. Er zieht hinaus zu den Pyramiden, wo die Pharaonen schlafen, und horcht, ob sie nicht weinen. Er tritt in den Tempel des Osiris und betrachtet die ungeheuren Götzenbilder, die zwischen den runden Riesensäulen stehen, in ihrer plumpen, seelenlosen Hässlichkeit. Am unermüdlichsten durchforscht er immer wieder den Palast nach dem Saale der Schriften. Endlich findet er ihn, aber verschlossen; die Hüter desselben jagen in der Wüste nach dem Schakal und dem Tiger. Bei den Geistern ist es dunkel und öde, und der Pracht- und

Üppigkeitsstrom des Hofes dringt nicht hinein.
Nun kommen wieder Nächte, da durch die Hallen das Geheimnis rieselt: Der Pharao weint. –
Und an einem Tage liegt auf dem Diwan der König und verlangt, dass der Knabe vom Nil ihm Kühlung fächle. Heute tut es dieser, denn der Herr ist leidend. Der Pharao ist übel gelaunt und ungeduldig, es ist ihm der Fächer nicht recht und nicht das Fächeln, und als es der Knabe einstellt, ist's ihm auch nicht recht.

Da sagt Jesus plötzlich: „Pharao, du bist krank!"

Der König starrt ihn an und staunt. Der Page tut den Mund auf und spricht den Sohn des Lichtes an! Als er jedoch im Antlitz des Knaben den traurigen, innigen Ausdruck des Mitleides sieht, wird ihm müde zumute und er sagt: „Ja, mein Knabe, ich bin krank."

„König", sagt Jesus, „ich weiß wohl, was dir fehlt."

„Du weißt es?"

„Du hast nach außen das Licht und nach innen den Schatten. Wende es um!"

Kaum hat der Knabe diese Worte gesprochen, so richtet der Pharao sich auf, schlanker und höher als sonst scheint er zu werden, den Arm streckt er starr nach der Pforte hin, und seinem Auge entfährt ein zorniger Blitz.

Der Knabe geht ruhig hinaus und schaut nicht mehr zurück. –

Das Wort aber ist zurückgeblieben. Am rauschenden Tage hört es der Pharao nicht; in der Nacht jedoch, wenn das strahlende Leben schweigt und nur das Elend unseliger Herzen lautlos tobt, da hört er es leise hallen von Wand zu Wand bis in sein Gemach: Wende es um! Wende das Licht nach innen!

*D*as Volk,
das im Finstern wandelt,
sieht ein großes Licht,
und über denen,
die da wohnen,
im finstern Lande,
scheint es hell.

Jesaja 9,1

Den Frieden lehren

Hanns Dieter Hüsch

Im Übrigen meine ich.
Gott der Herr
Rufe in uns alle guten Dinge und Gedanken,
Die in uns schlummern durch
die Jahrtausende
In Herz und Hirn und Leib und Seele
Wieder wach

Alles was wir oft vergessen
Oder auch für unnütz halten
Oft auch gar nicht wollen
Das freundliche Wort und den guten Blick
Die einfache Weise miteinander umzugehen
Als wäre jeder ein Stück vom anderen
Und ohne den einen gar nicht möglich

Und nehme von uns die dunklen Gedanken
Des Herrschens und des Kriechens
Und das Rechthaben und alle Besserwisserei
Es ist nicht des Menschen Glück auf Dauer
Es ist sein Krieg und sein Verderben

*D*er Herr möge uns nach seinen Sätzen
Den Frieden lehren
Nach seinen Haupt- und Nebensätzen.
Allumfassend ohne Rest
Für den Himmel und für die Erde
Und nicht nach unseren Grundsätzen
Mit denen wir uns oft genug zugrunde richten
Wenn wir Hintergründe suchen
Um dem Abgrund zu entgehen

*G*ott der Herr
Möge uns Jesus Christus
An unsere runden Tische setzen
Auf dass wir ihm auf unseren Gedankengängen
Begegnen

*U*nd ohne Furcht die Weltgeschichte überleben
Jenes Flickwerk aus Eitelkeit und Ruhmsucht
Glücksspiel und Götzendienst
Tingeltangel und Totentanz

*G*ott der Herr
Mache uns wieder anfällig
Für seine Geschichte die nicht
Von dieser Welt ist
Nicht erklärbar keine Diskussion braucht
Und uns doch tröstet hoffen lässt Mut macht
Frohgemut macht
Und alles in allem Kraft gibt
Und uns Zuversicht schenkt

Ich träumte

Jean Paul

Ich träumte in der Weihnachtsnacht, ich wanderte durch die Tiefen des Himmels und sah einen Engel über die Wolken gehen. Die Lichtgestalt lächelte und trat zu mir und sagte: »Kennst du mich? Ich bin der Engel des Friedens. Ich tröste die Menschen und bin bei ihnen in ihrem großen Kummer. Wenn er zu groß wird, wenn sie sich auf dem harten Boden der Erde wundgelegen haben, so nehme ich ihre Seele an mein Herz und trage sie zur Höhe und lege sie auf die weiche Wolke des Todes nieder. Alle diese Wolken ziehen mit ihren Schläfern gen Morgen, und wenn die Sonne aufgeht, erwachen sie und leben.«

Wo gibt es heut noch Frieden?

Barbara Cratzius

Wo gibt es heut noch Sterne,
die wie ein Kompass sind?
Wo gibt es heut Kometen,
die lenken hin zum Kind?

Wo gibt es heut noch Engel,
die in den Lüften sind,
die singen, jauchzen, loben
und künden uns vom Kind?

Wo gibt es heut noch Weise,
die auf der Reise sind,
die keine Mühsal scheuen
auf ihrem Weg zum Kind?

Wo gibt es heut noch Hirten,
die auf dem Felde sind,
verlassen ihre Herde
und ziehen zu dem Kind?

Wo gibt es heut noch Frieden?
So fang doch damit an!
In deinem Haus,
in deiner Stadt,
dann wär' schon viel getan!

In Dankbarkeit bewahren

Irischer Segenswunsch

Mögest du in deinem Herzen
das vergangene Jahr
in Dankbarkeit bewahren.
Mit jedem Jahr wachsen die Gaben,
die Gott dir schenkte,
um alle, die du liebst,
mit Freude zu erfüllen.
In jeder Stunde,
Freude und Leid,
lächelt der Menschgewordene
dir zu – bleib du in seiner Nähe.

Die Huldigung der Sterndeuter
Mt 2,1-12

Als aber Jesus in Betlehem in Judäa in den Tagen des Königs Herodes geboren worden war, siehe, da kamen Sterndeuter aus dem Osten nach Jerusalem und sagten: Wo ist der neugeborene König der Juden? Wir haben nämlich seinen Stern aufgehen gesehen und sind gekommen, ihm zu huldigen. Als das der König Herodes hörte, erschraken er und ganz Jerusalem mit ihm. Und er versammelte alle Hohenpriester und Schriftgelehrten des Volkes und erkundigte sich bei ihnen, wo der Messias geboren werden solle. Die aber sprachen zu ihm: In Betlehem in Judäa; denn so steht durch den Propheten geschrieben: „Und du, Betlehem, Land Judas, bist keineswegs die geringste unter den Fürsten(Städten) Judas, denn aus dir wird ein Herrscher hervorgehen, der mein Volk Israel weiden wird" (Mi 5,1). Da rief Herodes die Sterndeuter heimlich zu sich und erkundigte sich genau nach der Zeit, wann der Stern erschienen war, und schickte sie nach Betlehem und sprach: Geht hin und forscht sorgfältig nach dem Kind. Wenn ihr es gefunden habt, dann meldet es mir, damit auch ich hingehe und ihm huldige. Als sie aber den König an-

gehört hatten, machten sie sich auf den Weg.
Und siehe, der Stern, den sie hatten aufgehen
sehen, zog vor ihnen her, bis zu dem Ort, wo
das Kind war; dort blieb er stehen. Als sie aber
den Stern (wieder) sahen, freuten sie sich über
die Maßen. Und sie traten in das Haus und fanden das Kind mit Maria, seiner Mutter, und
fielen nieder und huldigten ihm, und öffneten
ihre Schätze und brachten ihm Geschenke dar,
„Gold und Weihrauch" (Jes 60,6) und Myrrhe.
Und als sie im Traum eine göttliche Weisung
empfingen, nicht zu Herodes zurückzukehren,
zogen sie auf einem anderen Wege heim in ihr
Land.

Übersetzung von Augustinus Kurt Fenz

Die Wanderer in der Wüste

Hans R. Pruppacher

Einst lebte ein weiser König im Morgenland.
Eines Tages beobachtete er einen seltsamen
Stern am Himmel. Seine Hofastrologen deu-
teten ihn als Zeichen der Geburt des Messias,
denn sie hatten die alten Schriften studiert.
Der Sohn des Königs wusste es auf seine Weise:
Der Stern sprach zu ihm in seinen Träumen…
Als der König mit Gefolge zur großen Reise auf-
brechen wollte, um den verheißenen Messias
aufzusuchen und ihm zu huldigen – da war der
Prinz mit einigen seiner Freunde schon bereit.
Ja, er hatte an alles gedacht: Vorräte für eine
lange Reise, Decken für kalte Nächte im Freien
und reiche Geschenke für den Neugeborenen.
Sein Vater warnte ihn: Er sei noch zu jung und
habe keine Ahnung von den Strapazen dieser
Reise, von den Gefahren im unbekannten Land,
da es sogar für erfahrene Männer ein Wagnis
bedeute. Aber wenn eben dieser Stern auch die
Jungen rief? Wer durfte sie zurückhalten?
Dennoch – auf dem beschwerlichen Weg durch
die Wüste geschah es: Der beste Freund des
Prinzen erkrankte und brauchte dringend Pfle-
ge. Der Stern, der sie in die Einöde geführt hatte, war nicht mehr zu sehen. So hielten sie Rat.

Einer der Männer im Gefolge des Prinzen glaubte, die Gegend von früheren Reisen her zu kennen: Eine Oase konnte nicht allzu weit entfernt sein. Aber das war ein Umweg zur großen Stadt, die am Rande der Wüste liegen musste. Und war eine solch große Stadt nicht am ehesten der Ort für den Palast eines mächtigen Herrschers, des verheißenen Messias? Wer strebte da nicht vorwärts, näher ans Ziel? Der Prinz jedoch entschied, seinen kranken Freund zur Oase zu begleiten. Seine anderen Freunde folgten ihm.

Seine Freunde murrten nicht. Aber sie schüttelten den Kopf, als der Prinz nach einer längeren Ruhepause in der Oase die Gastfreundschaft der Menschen dort reichlich belohnte. Diese Leute waren arm. Sandstürme deckten ihre Gärten immer wieder zu. Ein hartes, mühsames Leben!

Der Stern war nicht mehr erschienen. Aber man konnte ihnen von der Oase aus die Richtung weisen, wo die große, ferne Stadt lag.

Und wieder wagten sie die Reise in die Wüste. Als sie dann endlich die Türme der Stadt in der Sonne funkeln sahen – da trieben sie ihre Kamele an zu schnellerem Gang. Und wieder geschah es, dass der Prinz anzuhalten befahl. Da waren Wanderer am Weg. Warum sollte er

sich mit ihnen einlassen? Was gingen die ihn an? Freilich, sie schienen erschöpft und irgendwie verloren: der Mann und sein Esel, die zarte Frau mit dem Kind. Auf der Flucht? Wohin? In die Wüste hinein?

Er wolle sie in die Oase führen, sonst könnten sie sich verirren, beschloss der Prinz.

Einige seiner Freunde versuchten, sich ihm zu widersetzen: Wieder zurück? So nahe am Ziel? Aber der Prinz ließ sich von seinem Vorhaben nicht abbringen. Er lächelte den Fremden freundlich zu und gab der Frau mit dem Kind ein Zeichen, sich auf sein Kamel zu setzen. Der Mann ging mit seinem Esel dankbar nebenher. Niedergeschlagen und enttäuscht unternahm die Karawane den Rückweg in die Oase.

Aber am ersten Abend, als sie ihre Zelte aufschlugen, erschien plötzlich der wunderbare Stern wieder am Himmel. Und als sie von den Fremdlingen hörten, dass sie vor König Herodes fliehen mussten, da gingen ihnen die Augen auf, und sie erkannten in dem Kind den Messias, den sie am falschen Ort gesucht hatten.

Da staunten sie alle; denn dieses verheißene Kind war zu ihnen gekommen mitten in der Wüste. Und der Stern über ihnen erstrahlte mehr und mehr. Und eine innere Stimme sagte ihnen: Gott kehrt ein bei dem, der ihn sucht.

Der wahre Stern des Lebens

Joseph Ratzinger

Die Weisen aus dem Morgenland, diese großen Pilger auf der Suche nach dem Angesicht Gottes, stehen vor uns als Wegweiser, als Pilgerführer wie auch als Bilder unseres Lebens, denn wir alle sind auf der Suche nach dem wahren Stern, sind Wandernde, die in ihrem Leben nicht im Kreis gehen, sondern den rechten Weg und das rechte Ziel finden wollen. Die neue Bibelübersetzung nennt die Weisen »Sterndeuter«: Sie haben den wahren Stern gefunden, der sie auf den Weg des Lebens führte. Sterndeuter können und wollen wir nicht sein im Sinn der Astrologie, des immerwährenden und vergeblichen Versuchs, aus dem unabänderlichen Lauf der Gestirne Orakel für den Lauf unseres Lebens abzulesen. Und Sterndeuter wollen wir auch nicht sein im Sinn der Astronomie, die eine möglichst genaue Karte des Weltalls zu entwerfen versucht, diese unermesslichen Kontinente aufspürt und nachzeichnet, ihre Beschaffenheit und ihren Lauf wie vielleicht auch ihre Herkunft und Zukunft kennen möchte. Um anderes geht es: darum, die Sternbilder der Geschichte, das Sternbild unseres Lebens zu entschlüsseln.

Vielfältige Sterne bieten sich dem Menschen als Wegweiser an – Stars, die ihm das geglückte Leben versinnbilden sollen, Hoffnungen und Angebote: Besitz, Ansehen, Einfluss. All dies ist nichts Negatives, aber den Weg des Lebens zeigt es nicht. Du hast im Aufgehen des Lebens den wahren Stern freudig entdeckt – Christus, das Licht, das uns vorangeht, Weg und Ziel zugleich.

Es ist wichtig, den Stern zu sehen und sich von ihm auf den Weg bringen zu lassen, nicht nur um ihm selber nachzugehen, sondern um anderen die Sternbilder des Lebens zu enträtseln und ihnen zu helfen, dass sie den finden, der in der Schöpfung, im Wort Gottes, im Sakrament, im Zeugnis gelebten Glaubens uns aufleuchtet, uns vorangeht und uns zum großen Aufbruch, zur Wanderschaft auf das wahre Ziel hin einlädt: das wirkliche Leben, die große Liebe, die bleibende Freundschaft, das unverlierbare Zuhause.

Wenn wir im Evangelium die Geschichte von den Weisen aufmerksam lesen, können wir drei Phasen ihres Weges unterscheiden. Da ist zunächst das Angerührtsein vom Stern und der große freudige Aufbruch. Aber dann kommt die Phase der Verdunklung, das Erlöschen des

Sterns, die Ratlosigkeit und die Furcht vor dem Umsonst. Die Augenblicke des Dunkels, das Erlöschen der Sterne oder doch ihr Sich-Verbergen – das gehört in jedes Leben hinein. In den Jahren nach dem Krieg und während des Konzils war die große Freude des Aufbruchs da. Alles schien offen und voller Verheißung. Aber dann kam das Erlöschen der Sterne, und viele sind weggegangen, weil sie glaubten, der Stern könne nicht wiederkommen und ihr Weg sei ins Leere gelaufen. Niemandem bleiben die Stunden des Dunkels erspart, der Herr schickt sie, damit unsere Sehnsucht wächst, damit wir Geduld erlernen, damit wir die Beharrlichkeit finden, die ihn nicht loslässt: Ich lasse dich nicht, du segnest mich denn. Ich glaube, wir müssen diese Geduld des Wartens, des Aushaltens, das demütige und beharrliche Klopfen an die Tür des schweigenden Gottes ganz neu erlernen; die Bibel ist voll davon. Erst so werden wir geformt, erst dieser innere Weg wird wahre Wanderschaft, Aufstieg zu den Höhen des Ewigen.

Die dritte Phase in der Geschichte der Weisen ist das Finden. Sie finden das Kind und seine Mutter, und sie beten an. Dieses Finden ist kein Ende, sondern neuer Beginn. Wie anders war dieses Finden, als sie es sich in der Stunde des Aufbruchs vorgestellt hatten! Wie armselig! Lohnte es den schweren Weg? Ja. Gerade im völlig anderen erkannten sie das wahrhaft Große, das mehr ist als der Prunk menschlichen Reichtums und menschlicher Macht. Sie erkannten das Angesicht Gottes. Dieses Finden, gerade in seiner Armseligkeit, war Umwandlung ihres Seins. Sie werden demütig, werden liebend, werden frei und neu. Sie gehen zurück, aber ihr Weg ist anders, und sie selbst sind anders geworden. So ist es mit allem Finden, das wirklich von Gott kommt. Er ist immer ganz anders als unsere Vorstellungen. Und gerade so verwandelt er uns selbst. Das Zeichen des wahren Findens ist die innere Freude, ist die Demut, die aufbricht, die Liebe, die nun großzügig schenken kann und nicht mehr nach sich umschaut, die Umwandlung unseres Weges und unseres Lebens. Das Finden ist Anbetung, Sich-Hinwerfen vor Gott und Frohwerden ob seiner großen Herrlichkeit, die uns frei macht von dem ängstlichen Suchen nach unserer eigenen Herrlichkeit. Die ganze Ewigkeit wird ein solches Finden sein, das immer neu und immer größer ist und uns immer tiefer in Ihn hineinsinken lässt, selbstvergessen und froh ob der Herrlichkeit Gottes.

Die Legende von den Heiligen Drei Königen

Johannes von Hildesheim

Als die drei Könige sich – jeder in seinem Reiche – mit aller Pracht und Kostbarkeit und großem Gefolge für die Reise gerüstet hatten, machten sie sich auf den Weg. Keiner wußte von dem anderen, doch wurde jeder von ihnen auf seinem Wege von dem Stern geführt: Er ging mit ihnen weiter, wenn sie ritten, er stand mit ihnen still, wenn sie anhielten. Bei Nacht leuchtete er nicht wie ein Stern oder wie der Mond: Strahlend hell wie die Sonne stand er über ihrem Wege.

Da zu dieser Zeit Friede herrschte auf der ganzen Erde, standen die Stadttore Tag und Nacht offen. Die Bewohner der Städte und Dörfer, die sie durchzogen, erschraken und waren voller Verwunderung: Denn sie sahen Könige mit großem Gefolge – und auf ihrem Wege war es taghell – auch des Nachts!

Niemand wußte, woher sie kamen und wohin sie gingen; am Morgen war der Boden von den Hufen unzähliger Tiere zerstampft. Von solchem Geschehen sprach man lange Zeit.

Die drei ruhmreichen Könige kamen bald in andere Länder und fremde Gegenden. Jeder machte seinen Weg über Flüsse, Wüsten und Berge, durch Ebenen, Täler und schreckliche Sümpfe ohne irgendwelche Hindernisse. Alle schwierigen und steilen Wege wurden leicht und eben. Sie ruhten weder Tag noch Nacht, sie brauchten weder Speise noch Trank; ohne zu essen und zu schlafen, kamen sie bis nach Bethlehem; es schien ihnen nur ein Tag zu sein. So gelangten sie unter Gottes und des Sternes Führung am dreizehnten Tag nach der Geburt des Herrn bei Sonnenaufgang vor Jerusalem an.

Die ruhmvollen Könige näherten sich mit ihrem Gefolge, jeder auf seinem besonderen Wege, der Stadt Jerusalem bis auf zwei Meilen. Da plötzlich bedeckte dichter Nebel und undurchdringliche Finsternis das ganze Land. Und sie verloren den Stern. Isaias hatte prophezeit: »Auf, werde Licht, Jerusalem, denn dein Licht will kommen, die Herrlichkeit des Herrn erstrahlt dir. Denn Finsternis bedecket die Erde und Wolkendunkel die Nationen.«

Zuerst kam König Melchior mit seinem Gefolge vor Jerusalem auf dem Kalvarienberge an, auf dem später der Herr gekreuzigt wurde. Auf Gottes Wink lagerte er hier in Nebel und Dunkelheit. Der Kalvarienberg ist ein hoher Fels, fast zwölf Stufen hoch; hier wurden damals die Verbrecher hingerichtet. In der Nähe liefen drei Straßen zusammen; dort blieb Melchior, weil er im Nebel den rechten Weg nicht wusste. Bald darauf kam Balthasar, der König von Godolien und Saba, mit seinem Gefolge und lagerte neben dem Ölberg bei einem kleinen Dorf, das Galiläa heißt.

Als die beiden Könige Melchior und Balthasar hier rasteten, hob sich der Nebel ein wenig, aber der Stern schien nicht. Beide – doch ohne einander zu sehen – zogen etwas weiter, und als sie an die Wegkreuzung gelangten, da gerade kam Caspar, der König von Tharsis und der Insel Egrisoulla, mit seinem Gefolge herauf. An dieser Kreuzung dreier Straßen trafen sich die Könige. Nie zuvor hatten sie sich gesehen, und sie kannten einander nicht. Jetzt aber umarmten und küßten sie sich voller Freude. Obwohl sie verschiedene Sprachen redeten, verstanden sie sich. Jeder erzählte den Anlaß zu seiner Reise, und als sie hörten, dass sie alle drei dasselbe Ziel hatten, wurden sie noch viel froher und freudiger. In diesem Augenblick zerteilte sich der Nebel völlig, die Sonne ging auf, und die Könige zogen ein in Jerusalem. Sie erfuhren, es sei die Königsstadt, die ihre Vorfahren oft erobert hatten; sie hofften, den neugeborenen König hier zu finden.

Vor solch einem riesigen, wohlgerüsteten und unerwarteten Zuge erschrak Herodes und die ganze Stadt, denn das gesamte Gefolge war nun so groß, dass die Mauern die große Menschenmenge nicht fassen konnten; der größte Teil mußte daher außerhalb bleiben und lag wie ein Belagerungsheer rings um die Stadt.

Als die drei Könige nun in Jerusalem einzogen, fragten sie alle Leute nach dem neugeborenen König der Juden. Sie fragten: »Wo ist der neugeborene König der Juden? Wir haben seinen Stern aufleuchten sehen und sind gekommen, um Ihm zu huldigen.«

Als der König Herodes dies hörte, geriet er in Erregung und ganz Jerusalem mit ihm. Er ließ alle Oberpriester und Schriftgelehrten des Volkes zusammenkommen und fragte sie aus, wo der Christus geboren werden solle. Sie gaben ihm zur Antwort: »Zu Bethlehem in Judäa. Denn also steht beim Propheten geschrieben: ›Und du, Bethlehem im Lande Juda, bist keineswegs die geringste unter den Fürstenstädten Judas; denn aus dir wird der Fürst hervorgehen, der mein Volk Israel regieren soll‹« (Mich 5,1).

Die Könige erfuhren von den Schriftgelehrten, wo Jesus geboren war, und verließen darauf Jerusalem. Und plötzlich sahen sie den Stern wieder. Er ging vor ihnen her bis nach Beth-

lehem, das zwei kleine Meilen von Jerusalem entfernt liegt. Ihr Weg führte an den Weiden vorbei, wo der Engel den Hirten die Geburt des Herrn verkündet hatte. Als die Hirten die Könige und den Stern erblickten, liefen sie eilig herbei und erzählten, dass ihnen in solch strahlendem Himmelslicht ein Engel erschienen sei und ihnen die Geburt des Herrn verkündet habe. Auch berichteten sie alles, was sie in Bethlehem gehört und gesehen hatten. Das vernahmen die Könige in froher Bewegung! Sie freuten sich über die Worte und Beteuerungen der Hirten, sie hatten ja auch eine Stimme aus dem Stern gehört und hegten keinerlei Zweifel.

Die drei Könige beschenkten die Hirten reichlich, dann verabschiedeten sie sich und ritten weiter. Kurz vor Bethlehem saßen sie ab, kleideten sich in ihre königlichen Gewänder und legten ihren schönsten Schmuck an. Wiederum ging der Stern vor ihnen her, und je näher sie Bethlehem kamen, desto heller erstrahlte sein Licht. Sie waren in der ersten Stunde von Jerusalem aufgebrochen, in der sechsten Stunde des gleichen Tages kamen sie nach Bethlehem. Sie ritten durch die Straße, die »Die Bedeckte« hieß, an deren Ende der Stall und die Höhle lagen. Und plötzlich stand der Stern über dem Stalle still. Er senkte sich herab zwischen die verfallenen Wände aus Lehm und Stein und leuchtete dort mit unbeschreiblicher Klarheit. Der alte Stall und die Höhle waren voll strahlenden Lichts. Dann stieg der Stern wieder in die Höhe des Himmels und stand dort unbeweglich. Doch ein wundersamer Glanz verblieb in der Höhle, und »sie traten in das Haus, sahen das Kind mit Maria, Seiner Mutter, fielen nieder und huldigten Ihm. Dann öffneten sie ihre Truhen und brachten Ihm Geschenke dar: Gold, Weihrauch und Myrrhe.«

Als die drei Könige den Herrn angebetet und ihm ihre Gaben dargebracht hatten, empfanden sie und ihr Gefolge wieder Müdigkeit, Hunger und Durst, während sie den weiten Weg von den äußersten Grenzen der Erde ohne jede Speise und Trank und ohne Schlaf zurückgelegt hatten. Jetzt schliefen und aßen sie; den ganzen Tag brachten sie in Ruhe in Bethlehem und den benachbarten Orten zu. Überall erzählten sie in Bescheidenheit, warum sie aus so weiter Ferne gekommen waren und wie der Stern sie so wunderbar geführt hatte. Durch solche Erzählungen erstarkte der Glaube der Heiden, die Juden aber ärgerten sich darüber.

Der Evangelist erzählt: Die Könige empfingen im Traum den Befehl, sie sollten nicht wieder zu Herodes zurückkehren. So zogen sie auf einem anderen Weg nach Hause. Nun aber leuchtete ihnen der Stern nicht mehr. Auf dem Rückwege suchten sie bei Nacht Unterkunft, sie hatten Speise und Trank nötig für sich und ihr Gefolge und Futter für ihre Tiere wie andere Reisende auch. Auf drei verschiedenen Wegen, aus drei verschiedenen Ländern waren die Könige gekommen und hatten sich auf wunderbare Weise getroffen. Jetzt kehrten sie auf einem Weg zurück.

Die Anbetung der Heiligen Drei Könige

Clemens Brentano

Als nun ihr Zug in das Tal hinter der Krippenhöhle bei dem Grabe Marahas gelangt war, stiegen sie von ihren Tieren, und ihre Leute packten vieles ab und schlugen ein großes Zelt auf, das sie bei sich führten, und trafen andere Einrichtungen zu einem Lagerplatz mit Hilfe einiger Hirten, welche ihnen die Stellen anwiesen. Es war schon ein Teil des Lagers geordnet, als die Könige den Stern hell und klar über dem Krippenhügel erscheinen und den aus ihm strömenden Lichterguss senkrecht darauf

niedersteigen sahen. Er schien, sich vergrö-
ßernd, zu nahen und wuchs zu einer Lichtmas-
se, dass er mir wie ein Leintuch groß schien.
Ich sah aber, wie sie anfangs sehr verwundert
schauten. Es war schon düster, sie sahen kein
Haus, sondern nur die Form eines Hügels, gleich
einem Walle; plötzlich aber ergriff sie eine große Freude, denn sie sahen in dem Glanze die
leuchtende Gestalt eines Kindes, wie sie dieselbe früher in dem Sterne gesehen hatten. Da
entblößten sie alle ihre Häupter und bezeugten
ihre Verehrung, und die drei Könige schritten
zu dem Hügel und fanden die Tür der Höhle.
Mensor öffnete die Türe und sah die Höhle voll
von himmlischem Lichte und im Hintergrund
die Jungfrau mit dem Kinde gerade so sitzen,
wie sie dieselbe in ihren Geschichten gesehen
hatten. Sogleich trat er zurück und sagte dies
seinen Gefährten; indes trat Josef mit einem alten Hirten ihnen aus der Höhle entgegen, und
sie sagten ihm einfältig, wie sie kämen, den
neugeborenen König der Juden, dessen Stern
sie gesehen, anzubeten und ihm Geschenke zu
bringen. Josef hieß sie freundlich willkommen,
und der alte Hirte begleitete sie zu ihrer Schar
und war ihnen bei ihren Einrichtungen behilf-
lich; es räumten ihnen einige dort befindliche
Hirten Schuppen ein.

Sie selbst rüsteten sich zu der feierlichen Handlung, die sie vorhatten. Ich sah sie große weiße Mäntel, welche eine lange Schleppe hatten, umlegen, sie waren gelblich schimmernd wie von roher Seide, und ungemein fein und leicht wehten sie um sie her. Es waren dies immer ihre Mäntel bei religiösen Feierlichkeiten. Sie hatten alle drei um die Mitte ihres Leibes an ihren Gürteln allerlei Beutel und goldene Büchsen, gleich Zuckerdosen mit Knöpfen darauf, an Kettchen hängen, und gingen deshalb breit in ihren Mänteln einher. Jedem der Könige folgten die vier Begleiter aus seiner Familie. Außer diesen waren einige Diener Mensors dabei, welche eine kleine Tafel gleich einem Präsentierteller und einen Teppich mit Quasten und einige andere leichte Zeugbahnen trugen.

Als sie dem heiligen Josef in schöner Ordnung unter das Dach vor der Türe der Krippe gefolgt waren, bedeckten sie die Tafel mit dem Quastenteppich, und ein jeder der drei Könige stellte einige der drei goldenen Büchsen und Gefäße darauf, die er von seinem Gürtel löste, und dieses waren ihre gemeinschaftlichen Geschenke. Mensor und alle anderen lösten die Sandalen von ihren Füßen. Josef öffnete die Tür der Höhle. Zwei Jünglinge von Mensors Gefolge gingen vor diesem her und breiteten eine Zeugbahn vor seinen Schritten auf den Boden der Höhle und gingen zurück, ihm folgten dicht zwei andere mit der Tafel der Geschenke, die er ihnen, vor der Heiligen Jungfrau angekommen, abnahm und, auf ein Knie niederfallend, zu ihren Füßen auf ein niederes Gestell ehrerbietig hinsetzte. Die Träger gingen zurück. Hinter Mensor standen die vier Begleiter aus seiner Familie demütig vorgebeugt. Seir und Theokeno standen mit den Ihrigen zurück im Eingang bis unter dem Dach vor der Türe. Als sie eintraten, waren sie alle ganz trunken von Andacht und Rührung und wie durchleuchtet von dem Lichte, welches den Raum erfüllte, und doch war kein anderes Licht zugegen als das Licht der Welt. Maria lag mehr, auf einen Arm gestützt, als sie saß auf einem Teppich zur Linken des Jesuskindes, welches dem Eingang gegenüber auf der Stelle der Geburt in einer mit einem Teppich bedeckten Mulde lag, die auf einem Gestelle etwas erhöht stand. Im Augenblick des Eintritts aber richtete sich die Heilige Jungfrau in sitzende Stellung auf und nahm das Jesuskind in ihren weiten Schleier vor sich auf den Schoß. Als Mensor kniete und, die Geschenke niedersetzend, rührende Worte der Huldigung sprach, indem er das unbedeckte Haupt demütig beugte und die Hände

vor der Brust kreuzte, hatte Maria dem Kinde, welches rot und weiß darüber eingewickelt war, den Oberleib entblößt, und es sah lieblich schimmernd zwischen ihrem Schleier hervor. Sie stützte ihm mit der einen Hand das Köpfchen und hatte es mit der anderen umfasst. Es hatte seine Händchen vor der Brust, als bete es, und leuchtete vor Freundlichkeit, und manchmal griff es auch lieblich um sich her.

O wie selig still beten die lieben Männer aus dem Morgenlande an! Da ich dieses sah, sprach ich zu mir selbst: O wie sind diese Herzen so klar und ungetrübt, voll Güte und Unschuld wie fromme Kinderherzen. Nichts Heftiges ist in ihnen, und doch sind sie ganz Feuer und Liebe! Ich bin tot, ich bin ein Geist, sonst könnte ich das nicht sehen, denn dieses ist doch nicht jetzt und ist dennoch jetzt. Das ist aber nicht in der Zeit, in Gott ist keine Zeit, in Gott ist alles gegenwärtig, ich bin tot, ich bin ein Geist. Als ich so seltsam dachte, hörte ich zu mir sprechen: »Was kümmert dich das, sieh und lobe den Herrn, der ewig ist, und alles ist in ihm.«

Ich sah aber nun, dass Mensor aus einem Beutel, der an seinem Gürtel hing, eine Handvoll fingerlanger, dicker, schwerer Stäbchen, oben spitz und in der Mitte goldfarbig gekörnt und blinkend, hervorzog und der Heiligen Jungfrau als seine Gabe demütig neben das Jesuskind auf den Schoß legte. Sie nahm das Gold liebevoll dankend an und bedeckte es mit einem Zipfel ihres Mantels. Mensor gab diese gewachsenen Goldstängchen, weil er voll Treue und Liebe war und mit unerschütterlicher, angestrengter Andacht nach der heiligen Wahrheit forschte.

Nun aber zog sich Mensor mit seinen vier Begleitern zurück, und Seir, der Braune, trat mit den Seinigen heran und ließ sich auf beide Knie mit großer Demut nieder und bot mit rührenden Worten sein Geschenk dar, indem er ein goldenes Weihrauchschiffchen voll kleiner grünlicher Harzkörner auf die Tafel vor das Jesuskind niedersetzte. Er gab den Weihrauch, denn er war der, welcher sich willig und ehrerbietig anschmiegte und liebreich dem Willen Gottes folgte. Er kniete lange in großer Innigkeit da, ehe er sich zurückbegab.

Nach ihm nahte Theokeno, der weiße und älteste, er war sehr alt und dick und vermochte nicht niederzuknien; aber er stand tief gebeugt und stellte ein goldenes Gefäß mit einem feinen grünen Kraut auf die Tafel nieder. Es schien noch auf der Wurzel zu wachsen, es war ein ganz feines, grünes, aufrecht stehendes Bäumchen mit krausem Büschchen, worauf feine weiße Blümchen prangten. Es war Myrrhe.

Er opferte Myrrhe, weil sie auf Abtötung und überwundene Leidenschaft deutet; denn dieser gute Mann hatte ungemeine Anfechtungen zum Götzendienst, zur Vielweiberei und Heftigkeit bekämpft. Er blieb sehr lange in großer Rührung mit seinen Begleitern vor dem Jesuskinde stehen, sodass mir um die anderen Diener vor der Krippe leid ward, dass sie so lange harren mussten, das Kindlein zu sehen.

Die Anreden der Könige und aller Nachfolgenden waren ungemein rührend und kindlich; indem sie sich niederließen und die Geschenke darreichten, sagten sie ungefähr: »Wir haben seinen Stern gesehen und dass er der König über alle Könige ist, und kommen, ihn anzubeten und ihm mit Geschenken zu huldigen ...« Sie waren ganz wie entzückt und empfahlen dem Jesuskinde in einem kindlichen liebtrunkenen Gebet sich, die Ihrigen, ihr Land und ihre Leute, ihr Hab und Gut und alles, was ihnen auf Erden wertvoll war; der neugeborene König möge doch ihre Herzen, ihre Seelen und all ihr Denken und Tun hinnehmen; er solle sie erleuchten, ihnen alle Tugend und der Erde Glück, Frieden und Liebe schenken. Dabei glühten sie in Demut und Liebe, und die Freudentränen rollten ihnen über Wangen und Bart. Sie waren ganz selig, sie glaubten, in dem

Sterne nun selbst angekommen zu sein, nach welchem ihre Vorfahren seit Jahrtausenden mit so treuer Sehnsucht seufzend geschaut hatten. Alle Freude der nach vielen Jahrhunderten erfüllten Verheißung war in ihnen.

Die Muttergottes nahm alles ganz demütig dankend an, sie sprach anfangs nicht, eine einfache Bewegung unter ihrem Schleier aber drückte ihre rührende andächtige Freude aus. Das nackte Leibchen des Kindes, das sie mit in den Schleier gefasst hatte, sah zwischen dem Mantel so leuchtend hervor. Am Schlusse sprach sie jedoch einige freundliche, demütige Worte des Dankes zu jedem und schlug dabei ihren Schleier ein wenig zurück.

Oh, da habe ich wohl wieder etwas gelernt, ich sprach zu mir selbst: O wie süß und lieblich dankend nimmt sie jede Gabe an; sie, die nichts braucht, die Jesus hat, nimmt jede Gabe der Liebe mit Demut an, da kann ich wohl lernen, wie man die Gaben der Liebe empfangen muss, auch ich will künftig jede milde Gabe mit Dank in aller Demut annehmen; und ach wie gütig sind Maria und Josef! Für sich behielten sie schier gar nichts, sie teilten alles wieder den Armen aus.

Die drei Opfergaben

Alban Stolz

Ich weiß nicht, warum mir der Heilige Dreikönigstag so absonderlich jedes Mal gefallen will.
Es ist, wie wenn dieses ein Tag wäre, welcher
unter den andern Tagen im Jahr, wie der Morgenstern unter dem Haufen der andern Sterne,
feuriger und holdseliger leuchtet. Und wenn einer fromm ist und sich besinnt, so fallen ihm am
Heiligen Dreikönigstage auch besonders liebliche
Gedanken ein, gleichsam als wenn sie an diesem
Tage ein großes Gastmahl für die Heiligen Drei
Könige im Himmel hielten, und da fielen Bröse-
lein herunter und fielen in den Kopf und in das
Herz frommer Christen hinein und sahen da aus
wie schöne Gedanken und Anmutungen.

Wir wollen sehen, ob wir nicht auch eines auf-
fangen:

Zuerst wollen wir das Kästlein aufmachen, was
der erste König mit dem Bart in der Hand hält.
Es ist Gold darin. Hast du auch Gold? Vielleicht
so ein altes Stück in einem Papierlein eingewickelt? Und wenn du jetzt kein namhaftes Stück
Gold hast, so werden schon wieder Zeiten kommen, wo du etwas kriegst. – Was ist jetzt, wenn
du zu Lebzeiten der Heiligen Drei Könige gelebt hättest und hättest gewusst, was das Kind

in dem Städtlein Betlehem, das Kind der armen Jungfrau, was es für ein Kind sei – was ist, hättest du dein Herz verschlossen gegen das arme königliche, göttliche Kind? Hättest du ihm nicht auch gern dein Goldstück geopfert und hättest dir noch eine Freud und Ehre daraus gemacht? Ja, wenn du auch sonst zäh bist und lieber nimmst als gibst, so hättest du vielleicht doch in den Sack gelangt und hättest das vornehmste Geldstück hergegeben. Du hättest gedacht: Es ist gescheit, wenn ich dem Kind ein rechtschaffenes Geschenk mache, es wird ganz gewiss einmal mir tausendfach vergelten, was ich ihm jetzt in seiner Armut gebe, wenn es einmal groß ist und ein Herr und ein König! – So hättest du gedacht. – Und mancher denkt: Ja, da gäb ich viel darum, wenn ich das arme Jesuskind selber gesehen hätte und hätte ihm etwas schenken dürfen; ich wollte ja gern nichts dafür, wenn es etwas von mir angenommen hätte; das tät mir mein Lebtag lang die größte Freude machen! – Nun halt einmal, ist es wahr, macht es dir so große Freude? Und wünschtest du so sehr, dem Jesuskinde etwas zu schenken? Ist das gewiss wahr? Wenn es so ist, so weiß ich etwas für dich. Denk nur, ich weiß einen Ort, wo man das Jesuskind noch antreffen kann, und wo es noch so arm ist; es ist nicht weit. Sieh, der Herr

hat gesagt: »Was ihr dem Geringsten meiner Brüder tut, das tut ihr mir; und wer ein Kind in meinem Namen aufnimmt, der nimmt mich auf!« – Wenn du daher einem armen Kranken einen Groschen schenkst, so ist das, wie wenn du ihn Jesus in seiner Armut geschenkt hättest. Und wenn du ein Schuhmacher bist und einem armen Kind, das bei der Kälte barfuß läuft, ein Paar Schühlein machst umsonst, so ist das gerade soviel, als wenn du dem barfüßigen Kind Jesus ein Paar Schuhe geschenkt hättest. Und es ist auch in allen andern Dingen ebenfalls so, was man Jesus wegen den Armen gibt und tut. Und ist es nicht einmal wahr, dass es gerade so ist, wie wenn man es Jesus getan hätte; es ist noch besser. Denn es hat noch ganz besonders deshalb einen guten Geruch, weil man Jesus so aufs Wort geglaubt hat und auf seine Anweisung hin, die er vor achtzehnhundert Jahr im Gelobten Land gegeben hat, heute noch einem Armen ein Stück Geld schenkt. – Vergiss nicht, dass du am Heiligen Dreikönigstag dich etwas kosten lassest und machest, wie sie es gemacht haben, und dem armen Kind Jesus Gold oder Silber oder sonst Geldeswert opferst! –

Was hat denn der andere Heilige Dreikönig in dem Ding drin, das so raucht? Es soll Weihrauch bedeuten; du tätest es von Weitem schon riechen, wenn der Bildermacher auch den guten Geruch abbilden könnte. – Weihrauch aber opfert man nur Gott. Die Heiligen Drei Könige müssen sonach gemerkt und geglaubt haben, dass in dem Kind etwas Göttliches sei; das haben sie auch schon dem Stern ansehen können. Denn wegen eines gemeinen Menschenkindes wird kein besonderer Stern am Himmel aufgezündet. Und doch, wo sie in das Städtlein kommen und das Häuslein sehen und in die Stube hineintreten und die Mutter und das Kind antreffen, so sieht auch da alles gar zu armselig aus; und man muss sich schier verwundern, dass diese Männer nicht zweifelhaft geworden sind in ihrem Kopf und nicht zueinander gesagt haben: »Wir müssen irregegangen sein, das wird das rechte Kind und das rechte Haus nicht sein!« – Sie haben sich nicht scheu machen lassen von dem Auswenigen und haben treu und fromm das Kind angebetet und ihm Weihrauch geopfert; und das ist gerade besonders schön an diesen edlen Männern gewesen, dass ihr Glaube nicht schwächlich am Außenwerk erst sich heben und halten hat müssen, sondern frei und stark weiter sah, als die Augen des Leibes sahen. Sie sahen im armen Kinde den König und ewigen Gott. – Sieh nun, du Christ! Diese edle Glaubenstat kannst du auch täglich üben.

Erschien Christus den drei Weisen als ein geringes Kind, so erscheint er dir als eine geringe Hostie in der heiligen Messe oder Monstranz. Glaube und schaue und bete auch du an, wie es die drei Weisen getan haben, so treu und fromm und innig, und du wirst ihn dann auch schauen ewiglich.

Der dritte hat auch so ein Gefäß wie der zweite; es ist aber etwas anderes drin; es sei Myrrhen gewesen, sagt die Schrift; das ist so eine kostbare Spezerei, wie sie in den heißen Ländern wächst; man braucht sie, um vornehme Tote einzubalsamieren. Ich wollt aber darauf wetten, der dritte hat selbst nicht recht gewusst, warum er gerade Myrrhen geopfert hat. Aber Gott hat es gewusst und es ihm eingegeben. Es war eine schöne Zeremonie, die der Weise geübt hat, ohne zu wissen, was es bedeutet. Hintennach wissen wir Christen es. Es soll bedeuten, dass das arme Kind einem bittern Tod geweiht sei. –

Mach dir jetzt selber noch vollends deine Gedanken, und gib acht, ob dir nicht auch noch einige Gedankenbröselein einfallen; wirf sie nicht weg; sie kommen vielleicht von oben, und tu danach; – vergiss mir aber auch das Opfer nicht an Gold oder Silber für das arme Kind Jesus Christus!

Quellenverzeichnis

Texte

Martin Buber, Das Versteckspiel. Aus: M. B.:
Die Erzählungen der Chassidim
© 1949 by Manesse Verlag Zürich, in
der Verlagsgruppe Random House GmbH,
München

Barbara Cratzius, Wo gibt es heut noch
Frieden.
© Hartmut Cratzius

Augustinus Kurt Fenz OCist, Die Heiligen-
kreuz-Bibel. Das neue Testament neu über-
setzt und kommentiert.
© St. Benno-Verlag GmbH, Leipzig

Hanns Dieter Hüsch, Segen zum Frieden (Den
Frieden lehren). Aus: Hanns Dieter Hüsch/
Michael Blum, Das kleine Buch zum Segen,
Seite 18f, 2008/10
© tvd-Verlag Düsseldorf, 1998

Selma Lagerlöf, Die Heilige Nacht. Erschienen in: Christuslegenden.
© 1948 by nymphenburger in der F.A. Herbig
Verlagsbuchhandlung GmbH, München

Antje Sabine Naegeli, Die Nacht ist voller
Sterne (Soviel Verfinsterung), S. 70f.
© Verlag Herder GmbH, Freiburg im Breis-
gau, 21. Gesamtauflage 2009

Hans R. Pruppacher, Die Wanderer in der
Wüste. Aus: ders., Gott ist näher als du
denkst
© St. Benno-Verlag GmbH, Leipzig

Joseph Ratzinger, Das Geheimnis der Weihnacht, Das Licht Gottes und Der wahre Stern
des Lebens. Aus: ders., Du bist das Licht
der Welt.
© St. Benno-Verlag GmbH, Leipzig

Antoine de Saint-Exupéry, Der Schatz des
Kindes. Aus: ders., Die Stadt in der Wüste
© 1956 und 2009 Karl Rauch Verlag, Düsseldorf

Karl Heinrich Waggerl, Wozu die Liebe den
Hirtenknaben veranlasste. Aus: ders., Und
begab sich
© Otto Müller Verlag, 51. Auflage, Salzburg
2004

Bilder

Titel: © Roman Gudyma/fotolia.com
Seite 9: © Bilderbox/fotolia.com
Seite 15: © Peter Kirschner/fotolia.com
Seite 23: © Zeljko Radojko/fotolia.com
Seite 27: © Maren Beßler/fotolia.com
Seite 32: © Rudolf Albilt/fotolia.com
Seite 35: © Roger de Montfort/fotolia.com
Seite 39: © Johanna Mühlbauer/fotolia.com
Seite 47: © Monkey Business/fotolia.com
Seite 51: © OutdoorPhoto/fotolia.com
Seite 55: © Igor Murtazin/fotolia.com
Seite 59: © Oleg Kozlov/fotolia.com
Seite 61: © harmonie57/fotolia.com
Seite 67: © Antonio Nunes/fotolia.com
Seite 75, 103: © Patrizier-Design/fotolia.com
Seite 83: © maeva's/fotolia.com
Seite 95: © Bertold Werkmann/fotolia.com
Seite 103: © OutdoorPhoto/fotolia.com
Seite 111: © www.jenshagen.info/fotolia.com
Seite 119: © Mikael Damkier/fotolia.com

Wir danken allen Inhabern von Text- und
Bildrechten für die Abdruckerlaubnis. Der
Verlag hat sich bemüht, alle Rechteinhaber
in Erfahrung zu bringen. Für zusätzliche
Hinweise sind wir dankbar.